JN069701

みんなの園芸店

── 春夏秋冬を楽しむ庭づくり ──

大野八生

あらあら、こちらのご家族は、
どんな失敗をしてしまったのでしょう？

家のすみに植えたクリスマスツリーが、
ぐんぐん伸びて電線にかかってしまった。

アゲハの幼虫
はかわいいけ
れど、レモン
やキンカンの
葉がぼろぼろ
に……。

風にそよぐ憧
れのオリーブ。
なかなか実を
つけてくれま
せん。

本のとおりに
育てたはずが、
小さな実しか
ならなかった
ミニトマト。

こちらの家族、植物は大好きなのですが……。
気に入った植物を買ってきては枯らしてしまったり、
反対に大きくなりすぎたりと、
いつも失敗ばかりなのです。

もらったポトスを鉢植えに
したら、元気に伸び続けて
地面を這いまわり……。

いつ切ってよいのか迷って
いるうちに、ゼラニウムが
くねくねと木のように育っ
てしまい……。

4

育て方を失敗するだけでなく、
ご近所に迷惑をかけてしまった
ことも……。

手すりにおいたものを、
落としちゃった……。

水やりをしたら、
階下の洗濯物を
ぬらしちゃった！

つる植物が下の
家に侵入。

つまようじほどの太さ
だったユーカリの苗。
いつの間にか大木になり
隣の家に日があたら
なくなって……。

背ばかり高く、
花が少ないアジサイ。

実を食べたくてブルー
ベリーを植えたけど、
ほとんど実らない……。

たった1鉢のアロエが、
ぐんぐん伸びて広がって……。

1鉢植えたら、
スズランだら
けに……。

いろいろ植えたハーブ
コーナーが、いつの間
にかミントだけになっ
てしまった。

園芸に失敗はつきものです。
あきらめないで、
もう一度じっくりやってみましょう。

わたしは、
ハーブの香る庭を
つくってみたいわ。
クリスマスローズも
いろんな種類を
育ててみたいの。

木を刈りこんで鳥の形もつくるんだ！
いろんなくだものの木も育てて
小さな果樹園をつくりたいな。

草花いっぱいの庭を散歩して、
オリーブの下で
お昼ねしたいワン！

zzz……

garden book

たのしい
園芸図鑑

香りを楽しむローズガーデンを
つくりたいな！
肥料も一から自分でつくって……。
ジャスミンを育てて
ジャスミンティーも飲んでみたい！

いろんなヒマワリを育てて、
かわいい小鳥に遊びにきてほしいな！

みんな、イメージが広がってるね！
季節に合わせて
ていねいに手入れをすれば、
植物はきっと応えてくれるよ！

それでは、
植物の四季折々の姿を
見ていきましょう。
はじまり、はじまり！

7

もくじ

冬

園芸の豆知識

いろいろな植物

園芸の豆知識

元気に育てるために

かぶれやけがに
気をつけて！

刃物をつかうときは
必ず大人がいっしょに！

有毒の植物もあるの
で、やたらに植物を
なめたり、食べたり
しない。

ススキなど

葉の縁で手を切
らないよう気を
つけて！

バラ

トゲに気をつけて！

人に刃先を
向けないこと。

切る方向に手を
おかないこと！

高いところから
刃物を落とさな
いように。

ウルシやハゼなど
にかぶれないよう
注意！

この本を読む前に！

　植物を育てるのはとても楽しいことですが、はさみやの
こぎりなどでけがをしたり、火の不始末で火事を起こした
り、農薬で中毒をしたりと、思わぬ事故につながることが
ありますので、注意しましょう。子どもだけで作業をさせ
ず、必ず、大人がいっしょに作業してください。また、有
毒の植物もあるので、よくわからないものは口にしないよ
うにしましょう。

雨ざらしにすると、
さびます。

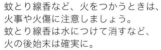

火をつかうときは
必ず大人がいっしょに！

肥料や農薬に注意！

蚊とり線香など、火をつかうときは、
火事や火傷に注意しましょう。
蚊とり線香は水につけて消すなど、
火の後始末は確実に。

肥料や農薬は
飲んだり
食べたりしない！

目にいれない！

真夏などの日ざしの強いときは、
肥料と農薬の使用はさけましょう。
植物が弱ってしまいます。

アレルギーに注意！

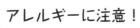

スギやヒノキだけでなくキク科植物
など、花粉症をはじめとするアレル
ギー症状をひきおこす植物もあるの
で、注意しましょう。

鼻から吸いこまない！

説明書をよく読み、用法用量
を守ってつかいましょう！

14

早春

春のしたくを見つけよう

外はまだまだ寒く、葉の緑も花も少ないですが、
植物たちはもう春のしたくをはじめています。
そんな小さな春を見つけにいきましょう。

春の七草やタンポポ、スミレは、背を低くして
寒さに耐えながら春をまっています。

ハクモクレンの冬芽

ネコヤナギ

ツバキ

リュウノヒゲ　スイセン

セリ

コケ

タンポポ

スイセン

ダイコン（すずしろ）

カブ（すずな）

コオニタビラコ
（ほとけのざ）

オオバコ

ハコベ（はこべら）

サクラの冬芽

見上げれば、
背の高いモクレンやサクラの枝に、
ふっくらとした冬芽が見られます。

ツバキ

ハボタン

ビオラ

スミレ

ダイコン（すずしろ）

カブ（すずな）

ハハコグサ
（ごぎょう）

タンポポ

タンポポのロゼット

スミレのロゼット

オオバコのロゼット

ロゼット

冬越しをする草花には、背を低く平らにして、寒さから身を守るものがあります。八重咲きのバラの花の形に似ていることからロゼットとよばれています。

八重咲きのバラ

早春の庭の楽しみ方はいろいろです。
この本をもって外にでて、
春をまつ早春の姿と、花を咲かせた春の姿を比べながら、
観察するのもおもしろいです。

コケ

この時期はコケがとてもきれいです。ハマキゴケ、ギンゴケ、ホソウリゴケなど、花壇の石の間やコンクリートの道のすみなどを観察すると、何種類ものコケを見つけられます。

ハハコグサの花　ハハコグサ（ごぎょう）

ハコベの花

セリの花

ハコベ（はこべら）

春の七草

「♪セリ、ナズナ、ごぎょう、はこべら、ほとけのざ、すずな、すずしろ、これぞ七草♪」とうたわれる春の七草。セリは少し湿ったところに生えます。ナズナは別名ぺんぺん草。ごぎょうはハハコグサ。はこべらはハコベ。ほとけのざはコオニタビラコ。すずなはカブ。すずしろはダイコン。すずな、すずしろ以外は庭先や公園などで見つけられます。庭でつんだ七草で、七草粥はいかがですか？

セリ

ナズナの花

コオニタビラコの花

ナズナ（ぺんぺん草）

コオニタビラコ（ほとけのざ）

カブ（すずな）

ダイコン（すずしろ）

ハボタン

パンジー

ビオラ

モクレン

サクラ

花壇の花

秋に植えたパンジーやスイセンなど
が咲いているはず。まだ寒い時期に
元気に咲いている姿を見ると「ぽっ」
と心が温かくなります。

スイセン

冬芽いろいろ

花を咲かせるふっくら
とした花芽と、葉にな
る葉芽があります。

ネコヤナギ

サザンカ

ツバキ
（オトメツバキ）

ツバキ（ボクハン）

サザンカからツバキへ

サザンカとツバキの花は印象がよく似
ていますが、サザンカは秋から冬まで、
ツバキは冬から春まで咲きます。

散り方

ツバキ　サザンカ

ツバキは花がまるごと
落ちる。サザンカは花
びらが1枚ずつ散る。

ツバキ　サザンカ

新芽

子房

ツバキは新芽と子房
に毛はないが、サザ
ンカには毛がある。

ツバキとサザンカのちがいは？

花や葉はとても似ていますが、いくつ
かちがいがあります。

	ツバキ	サザンカ
花期	冬〜春	秋〜冬
花の散り方	花まるごと	1枚ずつ
新芽と子房	毛はない	毛がある

早春の庭仕事

この時期の庭仕事といえば、そうじですね。
そうじをすると体もぽかぽか温まり、
庭も気分もすっきり、さっぱりします。

竹ぼうき

くまで

ちりとり

脚立

ツルバラ

そうじのときに、剪定や中耕や増し土なども、
いっしょにやってしまいましょう。

クリスマスローズ
（ニゲル）

スイセン、スノード
ロップの芽出し苗と
ミニシクラメン。

肥料

移植ごて

ブルーベリー

ほうき

スミレ

小くまで

てみ

21

緑が少ない早春は、
伸びすぎた枝や、
こみいっているところがわかりやすく、
剪定に適しています。

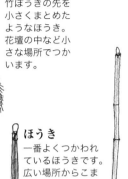

小ほうき
竹ぼうきの先を
小さくまとめた
ようなほうき。
花壇の中など小
さな場所でつか
います。

ほうき
一番よくつかわれ
ているほうきです。
広い場所からこま
かいすみまで、き
れいに掃けます。

小くまで
小さめのくまで。

くまで
ゴミや落ち葉な
どを集めるとき
につかいます。
木の下や芝生の
縁、花壇の中で
つかいます。

庭そうじの道具
たくさんの種類があり、庭の大きさや用途に合わせて
必要なものを選びます。便利な新しい道具も多くあり
ますが、昔からつかわれているものがおすすめです。

竹ほうき
土をゴミといっしょに掃きたくないとき
につかいます。掃いた跡が地面に残り、
すっきりした印象になります。掃く部分
が長すぎるときは、少し切ってからつか
いましょう。

てみ
落ち葉や枯れ草などをたくさん
運ぶときに役立ちます。

ちりとり
毎日のちょっとした
そうじにつかいます。

スノードロップ

ヒアシンス

クロッカス

ムスカリ

ユキヤナギ

寒さから守って！
冬の寒さ、夏の暑さや乾燥
から植物を守るため、植物
の根元に覆いをすることが
あります。これをマルチン
グといい、落ち葉や腐葉土、
わらやバークチップなどが
よくつかわれます。

マルチング
（落ち葉）

スイセン

マルチング
（わら）

スミレ

マルチング
（腐葉土）

早春から
植えられる植物
寒い時期ですが、ミニシクラ
メンやクリスマスローズなど
の寒さに強い植物は植えられ
ます。また「芽出し苗」とい
う少し芽のでた球根の苗も植
えられます。

スイセン

ミニシクラメン
（ガーデンシクラメン）

チューリップ

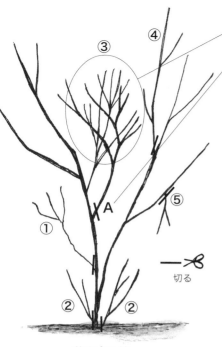

③
④
⑤
A
①
②
②

枝がこみいっていると
きは、太い方の枝を、
Aの位置で切り落とす。

切る

剪定する枝
①枯れている枝　　④伸びすぎた枝
②根元から伸びた枝　⑤下を向いた枝
③こみいった枝

簡単な木の剪定

この時期は、枝の形や流れが
はっきりとわかり、株も休眠
期に入っていて、剪定に適し
ています。春に新芽が伸びる
とき、風とおしがよいと元気
に育ちます。

枝を切る位置
枝の下側の芽（外を向いた芽）の
先で切ると、外側に枝が伸びて風
とおしがよくなります。

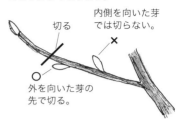

切る

内側を向いた芽
では切らない。

外を向いた芽の
先で切る。

剪定の道具
細い枝や草花には植木ばさみ。太い枝
には剪定ばさみ。剪定ばさみでも切れ
ないような太い枝は剪定のこぎりで。

剪定のこぎり

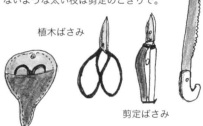

植木ばさみ

剪定ばさみ

庭そうじの後に

庭そうじや剪定をした後は、とてもすっきり。
緑の多い時期には見えにくい土の部分などが
目につきます。花壇や植木鉢の根元などを見
回してみましょう。

植えかえ
樹木の植えかえにもよい季節です。特に落葉樹は休
眠しているので根をくずしてもだいじょうぶ。鉢底
から根がでているものや、水やりをしてもすぐに乾
いてしまうものは、根を切って植えかえましょう。

切る

植えかえる。

中耕（ちゅうこう）
鉢植えでも庭植えでも、水や
りによって少しずつ土の表面
が固くなり水の吸収が悪くな
ります。フォークをつかって
耕しましょう。園芸用のフォー
クをつかいますが、小さな鉢
なら食器のフォークで十分。
これを中耕といいます。

寒肥
かんひ、かんごえなどと読み
ます。冬の間、植物は休んで
いるように見えますが、土の
中では活動していて、栄養分
を時間をかけてたっぷりと吸
収した頃、春になります。ゆっ
くりと分解する有機質の油か
す、骨粉などを12月〜2月
にあたえます。

油かす　　　骨粉

増し土
鉢でも花壇でも、水やりで
少しずつ土が流れだします。
根元（株元）に新しい土を
少しもってやると、根元が
しっかりして、寒い季節で
も元気になります。

キッチンに小さな野菜畑？

キッチンの窓辺に、何やらたくさん並んでいます。
かわいい花が咲いているものもありますね。
よく見てみると……いつも食べている野菜です！
これだけ並ぶと、何だか野菜畑みたいです。

ニンジン

ダイコン

ニンニク

ミツバ

カブ

トウミョウ
（豆苗）

クレソン

ここで育てているのは、料理の後に残った野菜の切れはしや、芽が伸びてしまった野菜などです。眺めて楽しむだけでなく、食べられるものもあります。水につけて育てるだけなので、ちょっと挑戦してみませんか。

コマツナ

ゴボウ

ネギ

タマネギ

サツマイモ

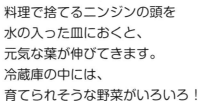

料理で捨てるニンジンの頭を
水の入った皿におくと、
元気な葉が伸びてきます。
冷蔵庫の中には、
育てられそうな野菜がいろいろ！
わくわくしますね。

芽がでた球根
タマネギやニンニクの芽が
伸びてきたら、捨ててしま
わずに野菜畑へ！　ニンニ
クは1片ずつ育てられます。

切り落とした
根元を使用。

切り落とした根元
ミツバ、トウミョウなど根付きの
野菜は、根元を水につけておくと、
葉が伸びてきます。トウミョウな
どは何度かつかえ、お得です。

切り落とし
た頭の部分。

切り落とした頭
ニンジン、ダイコン、カブ
など、土の中で育つ野菜は、
頭のところから葉が伸びて
きます。

どんな野菜をつかえばいいの？
ちょっと古くなってしまったものや、
料理につかわないところを活用して、
野菜畑をつくりましょう。

しなびたもの
サツマイモやサトイモは、
古くなるとしぼんでいろい
ろなところから芽が伸びて
きます。こうなるとおいし
くないので野菜畑へ！

残りものの
クレソン。

ニンジンの頭。

野菜畑の材料いろいろ
野菜の切れはしを集めてみました。
小皿などに水をいれて、キッチン
の窓辺で育ててみましょう。

ダイコンの頭。

芽の伸びたニンニク
とタマネギ。

芽を食べた後の
トウミョウ。

芽が伸びたサツマイモ。

ゴボウの頭。

コマツナの根元。

ネギとミツバの根元。

野菜畑のお手入れは？

野菜畑ができたら、できるだけ長く元気に育つよう世話をしましょう。
切れはしの野菜でも生きています！

1. おき場所は、
半日陰〜明るい窓辺など。

3. 水は浅くはりましょう。

傷んだ葉などは
とりのぞきます。

2. 水かえは毎日。容器は清潔に。

4. カビが生えたり腐った
りしたら、残念ですが、
すぐに処分！

花が咲くかも！

土で育てるようにはいきませんが、キッチンの野菜畑でも
新芽が伸びたり、花が咲くこともあります。
見たことのない花が咲くと、ちょっとうれしいです。

白い花
クレソン、ミツバ、ニンジン、
ダイコンは白い花が咲きます。

ネギ坊主
ナガネギ、
ニンニク、
タマネギは
ネギ坊主が
できます。

黄色い花
コマツナ、ハク
サイ、キャベツ
などは黄色い花
が咲きます。

ニンジン

コマツナ

ダイコン　クレソン

ミツバ

育てて楽しむだけでなく、やっぱり野菜だから食べて楽しみましょう！
ちょっとつかいたいときに活躍します。

MENU

**味噌汁、
スープなどに！**
カブ、ダイコン、
コマツナ、
トウミョウ

炒めものに！
ニンニク、サツマイモ、
ネギ、タマネギ

てんぷらに！
ゴボウ、
トウミョウ

薬味として！
ネギ、ミツバ

サラダなどに！
クレソン、
トウミョウ、
ニンジン、
カブ、コマツナ

注意！
ジャガイモの緑色の部分（芽や
葉など）には、有毒物質が含ま
れているので食べられません。

トウジバイ（冬至梅）

ウメとツバキを鉢で楽しむ

春が近づくにつれ、
いろいろな木の花が少しずつ咲きはじめます。
中でもウメとツバキは、
ひと足早く春の香りをとどけてくれます。
鉢植えのウメやツバキを並べて春を楽しみましょう。
蜜の好きなメジロがやってくるかもしれません。

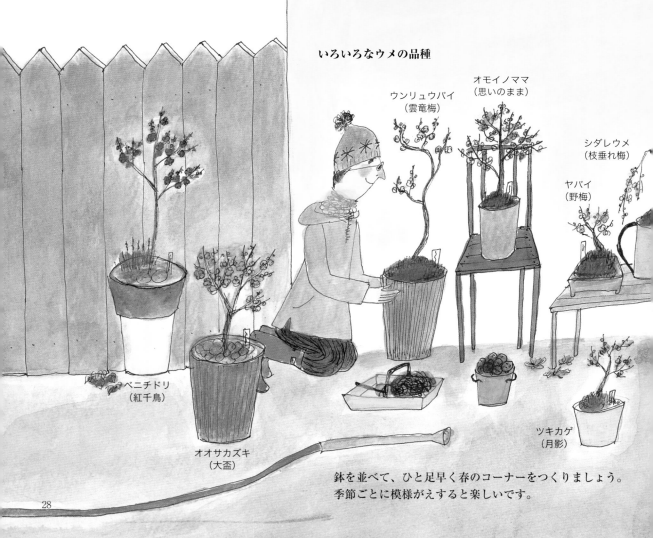

いろいろなウメの品種

ウンリュウバイ
（雲竜梅）

オモイノママ
（思いのまま）

シダレウメ
（枝垂れ梅）

ヤバイ
（野梅）

ベニチドリ
（紅千鳥）

オオサカズキ
（大盃）

ツキカゲ
（月影）

鉢を並べて、ひと足早く春のコーナーをつくりましょう。
季節ごとに模様がえすると楽しいです。

見頃の鉢は窓辺におくと、部屋に花のやさしい香りが漂います。

シラタマツバキ
（白玉椿）

いろいろなツバキの品種

ヒワビスケ
（緋侘助）

タマノウラ
（玉之浦）

ワビスケ
（侘助）

クロワビスケ
（黒侘助）

ボクハン
（卜伴）

シラタマツバキの苗

ロビラキ
（炉開き）

ナイトライダー

ポップコーン

ヒゴキョウニシキ
（肥後京錦）

花が咲きおわった鉢は別のコーナーへ移して肥料をあたえ、植えかえをし、来年までゆっくりと育てます。

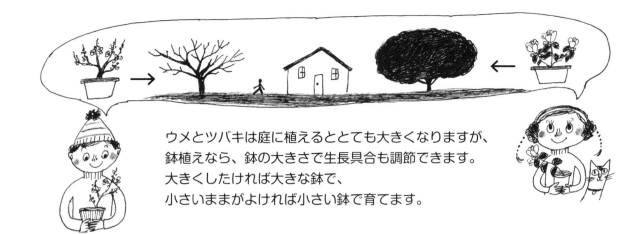

ウメとツバキは庭に植えるととても大きくなりますが、
鉢植えなら、鉢の大きさで生長具合も調節できます。
大きくしたければ大きな鉢で、
小さいままがよければ小さい鉢で育てます。

どんなものを買ってきたらいいの？

園芸店には、大きな植木から小さな盆栽まで、いろいろな大きさのウメとツバキが
並んでいます。鉢植えで小さく育てるか、庭に植えて育てるかによって選び方もか
わってきます。早春なら花が咲いているものも多いので、花を見て選べます。

花付きの苗を買ってきたら

花が咲いているときは植えかえを
すると弱ってしまう場合もあるの
で、咲きおわるまでまって植えか
えた方がよいでしょう。それまで
は水やりを忘れずに。

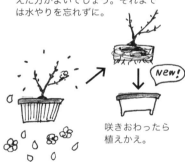

咲きおわったら
植えかえ。

大きく育てるなら

背丈や横幅が大きめの苗を庭に植えて育てる
と早く生長します。根の部分が麻の布で巻か
れている根巻きの苗や大きなビニルポットに
入った苗などがあります。

小さく育てるなら

鉢に植え、植えかえのたびに
根や枝を切り、小さく盆栽の
ように育てます。

育て方

どちらも屋外の日あたりのよい場所を好み
ますが、ツバキは半日陰でもだいじょうぶ。
土が乾いたら、水をたっぷりとあたえます。
肥料は、秋に油かすや骨粉などを。

植えかえ

1〜2年に1回、鉢からとりだして根をひと回
り小さく切り、元の鉢へ新しい土で植えかえま
す。また根が伸びて、よく生長します。枝が伸
びていたら剪定してもよいでしょう。この作業
をくり返して、小さく育てます。

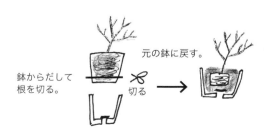

鉢からだして
根を切る。

切る

元の鉢に戻す。

鉢植えのよいところ

移動できるのは鉢植えの利点です。花が咲きおわり、さびしくなった花壇など、好きなところにおいて楽しみましょう。

植える器いろいろ

植木鉢のかわりになるものはいろいろあります。水がもれるバケツやひびが入った茶碗や火鉢など、水はけがよければだいじょうぶです。

再利用

古くなった椅子や棚などを、庭やベランダで再利用。ペンキで色をぬってもすてきです。

ツバキの花

常緑樹なので一年中同じように見えますが、この季節は種類ごとにさまざまな花を咲かせます。見なれた景色の中で、きれいなツバキの花が見つかるかも。

ボクハン（卜伴）
雄しべが花弁に変形した一重のユニークな咲き方です。

**クロワビスケ
（黒侘助）**
黒に近い赤の小さな花。

ナイトライダー
西洋ツバキで、特に黒い花が咲く。サザンカに似ています。

ワビスケ（侘助）
小さな花は花粉がでにくい。早咲きで年末から咲きはじめることもあります。

ポップコーン
香りもよく、ポップコーンのように小さい花を咲かせ、かわいらしい。

**ヒゴキョウニシキ
（肥後京錦）**
華やかな花芯と赤と白の絞り模様が特徴です。

ウメの花

よく白梅、紅梅などといいますが、よく見るとさまざまな色合いがあります。また、花の形や枝ぶりもさまざまです。気に入ったウメを見つけるために、植物園や梅園へ足を運ぶのもおすすめです。

**ベニチドリ
（紅千鳥）**
濃い紅の小さくて一重咲きの花です。

**シダレウメ
（枝垂れ梅）**
枝が柳のように下がり伸びていきます。

ヤバイ（野梅）
野生種に近い品種で、白い一重の花。

ツキカゲ（月影）
がくと枝がきれいな緑色。一重の花は白くよい香りです。

オモイノママ（思いのまま）
赤と白の花が1株から咲く珍しい品種。

**ウンリュウバイ
（雲龍梅）**
枝がくねくねと龍のようにねじれて生長するのが特徴です。花は白く一重。

31

バラを育ててみよう

寒い時期は、バラの植えかえや植え付けに最適です。
バラは休眠中なので、安心して大きく剪定したり、
根をくずして植えかえたりできます。
この時期は新しい苗の植え付けにも適していて、
はじめてバラを育てるなら
この時期からはじめるのがおすすめです。

つるバラ
アーチやフェンスに
這わせて育てます。

てぶくろ

肥料
（油かす、骨粉）

木立性のバラ
バラは年月を重ねると、背丈がとても高くなります。小さなバラもかわいいですが、大きくなったバラの木もいいものです。

ミニバラ

鉢底ネット

素焼きの植木鉢

鉢底石

用土
（赤玉土小粒と腐葉土）

バラの剪定は早春（1月〜3月）の強剪定と、夏（8月のおわり）の弱剪定があります。
株の状態、品種や仕立て方により、剪定の方法もかわりますが、基本的には同じです。
剪定と植えかえ、植え付けは同じ時期におこなうとよいでしょう。

バラの種類

バラにはいくつかの種類があります。育てる場所や用途に応じて選びましょう。おもな種類は右の表のとおりです。花の形や色、実などもさまざまなので、168〜170ページを参考に選んでください。

木立性バラ

修景用バラ

ミニバラ

つるバラ

バラの種類と特徴

木立性のバラ	まっすぐに枝を伸ばしていきます。あまり背が高くならない品種と、高くなる品種があります。鉢植えで小さく育てられます。
つるバラ	つるのように枝を長く伸ばす性質があります。フェンスやアーチに這わせるとよいでしょう。
修景用バラ	つるバラのように上に枝を伸ばさずに横に枝を伸ばします。低いフェンスや生け垣に向きます。
ミニバラ	小さくまとまっていて鉢植え向きですが、大きくなる品種もあります。

苗の種類

新苗

花鉢

大苗

庭植え用の苗

新しい苗を植え付ける

ポットからぬいて根をくずして植え付けます。
鉢の大きさは余裕をもって7号（21cm径）
以上のものを用意するとよいでしょう。

①ポットから
とりだします。

②塊になっている
根をくずします。

③鉢に植え付けます。

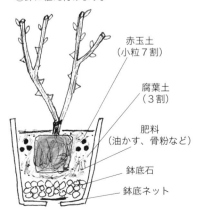

赤玉土
（小粒7割）

腐葉土
（3割）

肥料
（油かす、骨粉など）

鉢底石

鉢底ネット

てぶくろ

バラの多くはトゲがありますので、厚手の軍手か革のてぶくろをしましょう。

まず、細い枝や枯れた枝を切ります。
次に、伸びた枝の先から 1/2 ～ 1/3
のところで切ります。

剪定

たくさん花を咲かせてくれた、昨年植え付けたバラは、
暖かくなる前に剪定します。勇気がいりますが、思い切
りよくやりましょう。春になれば元気な新芽が伸びます。

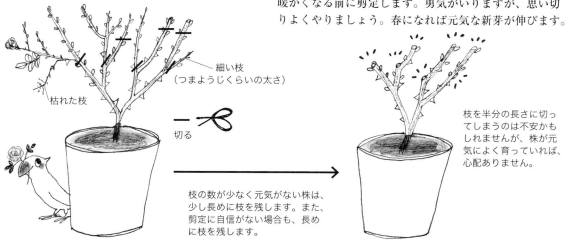

枯れた枝

細い枝
（つまようじくらいの太さ）

切る

枝を半分の長さに切っ
てしまうのは不安かも
しれませんが、株が元
気によく育っていれば、
心配ありません。

枝の数が少なく元気がない株は、
少し長めに枝を残します。また、
剪定に自信がない場合も、長め
に枝を残します。

植えかえ

剪定の次は植えかえです。鉢から株をぬいて根をくずし、
からんだ根をほどいて切ります。水はけ、水もちのよい
用土をつくり、植えかえます。

バラは大きく育つの
で、植えかえる鉢は
７号（21cm 径）以
上がよいでしょう。

前年、うまく育たなかった株も、
早春の剪定と植えかえで、また
新たなスタートを切れます。

あっ、こんな感じの
土になるんだ！

腐葉土３割

赤玉土（小粒）７割

バラの土の基本

バラ用の土を買ってもいいのですが、
自分で土づくりをするのも楽しいです。
赤玉土の小粒７割、腐葉土３割の比率
を目安に、まぜ合わせます。

牛糞

油かす、骨粉

バラは食いしん坊

大きな美しい花を咲かせるために、油かすや骨粉、
牛糞堆肥など、ゆっくりと効くものを植えかえや植
え付けのときにあたえるとよいでしょう。出来合い
の「バラの肥料」もあります。

引越す前

家具などとちがい、植物は生きものなので、
引越す前や運ぶとき、そして引越してからすることなど、
注意する点があります。

移植によい季節は？

移植するのによい季節は春と秋です。
引越しの時期が夏や冬の場合、前もっ
て春か秋のうちに鉢へ植えかえておき
ます。大きな植物は植木屋さんなどの
専門家に相談しましょう。

樹木の移植ポイント

1, 木の健康をチェック
2, 移植できる大きさか
3, 木の年齢
4, 移植にかかる費用
5, 引越し先の環境

移植に向かない植物

ジンチョウゲやユーカリ、ミモザ
やロウバイなどは、移植すると根
づかず枯れてしまうので、残念で
すがおいていきましょう。移植の
難しい植物は、はじめから鉢植え
で育てましょう。

さようなら。

新たに苗から
育てる方がよ
い場合もあり
ます。

大きな樹木など
は、前もって専
門家に相談しま
しょう。意外に
高額な場合もあ
ります。

ジンチョウゲ
さびしいですが、
あきらめましょう。

庭に植えてある草花も、前
もってポットに移しかえて
おきましょう。

引越すとき

日にちが決まったらその日に向けて準備しましょう。
家財の荷造りと同時に進めるので大変ですが、
当日になってあわてないように、少しずつはじめておくとよいですね。

まずは手入れをしましょう

枯れた枝、長く伸びた枝などを剪定して
小さくまとめます。

上手に包みましょう

枝が傷つかないように、なるべく
まとめて、新聞紙で花束のように
包むと安心です。

誰に手伝っても
らえばいいの？

大きな樹木やたくさんの鉢植えがあ
るときは、植木屋さんに頼めば安心。
家財と植物の引越し日程をずらして
おくと、落ち着いて作業ができます。
引越し屋さんに頼むときは、事前に
相談しましょう。

小さな鉢植えは段ボールの中に並
べていれますが、あまり重くならな
いように。道具類は別の箱に。

背の高い植物は枝をひもなど
でまとめ、鉢をゴミ袋などに
いれると、家具といっしょに
積みこまれても安心。

引越してから

無事到着。家の中も箱だらけですから、
まずは庭の軒下や木の下などに植物をおきます。
引越し屋さんにおき場所を
あらかじめ伝えておきましょう。

花が咲いているもの、小さな
鉢植えは、なるべく自分で運
びましょう。

植物の状態を確認！

箱をあけ、束ねてある枝をほどき、包みから
とりだします。しおれたり、折れたりしてい
ないかなど、確認しましょう。

家の中が片づいてから、庭の環
境を見て、植物のおき場所を
ゆっくり考えましょう。

ジョウロやホースなどすぐに必要なもの
だけとりだしておき、ほかの道具は後で
整理しましょう。どんな庭になるのかと
ても楽しみですね。

春

ウメ

ロウバイ

春の香りをさがしに

まだ少し寒い日もありますが、
春の散歩は、どこからともなく花の香りが漂ってきて、
香りで春を楽しめます。
春をさがしにでかけてみましょう。

ジンチョウゲ

スイセン

プリムラ

ミツマタ

ヒアシン

ミモザアカシア

マンサク

ツバキ

ヒイラギナンテン

フリージア

ニオイスミレ

スイセン

ミモザアカシア
フサアカシアやギンヨウアカシアなどのマメ科アカシア属の俗称です。ホワホワした黄色い花を咲かせます。細葉ミモザはほかに甘さのある香りがします。

花の形や色は、
押し花や写真にして、とっておけますが、
香りはとっておくことができません。
この時期だけの香りを楽しみましょう。

ロウバイ
花びらは少し厚くロウのような質感です。たくさんの花を咲かせます。「蝋梅」とも書くのでウメのなかまと思われがちですが、ロウバイ科ロウバイ属です。甘く強い香りがします。

ニオイスミレ
小さな花を集めてブーケをつくってもよいでしょう。香水の原料にされています。やさしい香り。スミレ科です。

プリムラ
花の色、形などたくさんの種類がありますが、黄色の花を咲かせるジュリアンという種類はよい香りがします。サクラソウ科。

ジンチョウゲ
香木の沈香のような香りだと表現される、凛としたさわやかな早春の香りがします。半日陰でもよく花を咲かせます。ジンチョウゲ科。

ミツマタ
枝が3つに分かれているので、この名前がついたといわれています。和紙の原料にもされます。花は甘い香りです。ジンチョウゲ科。

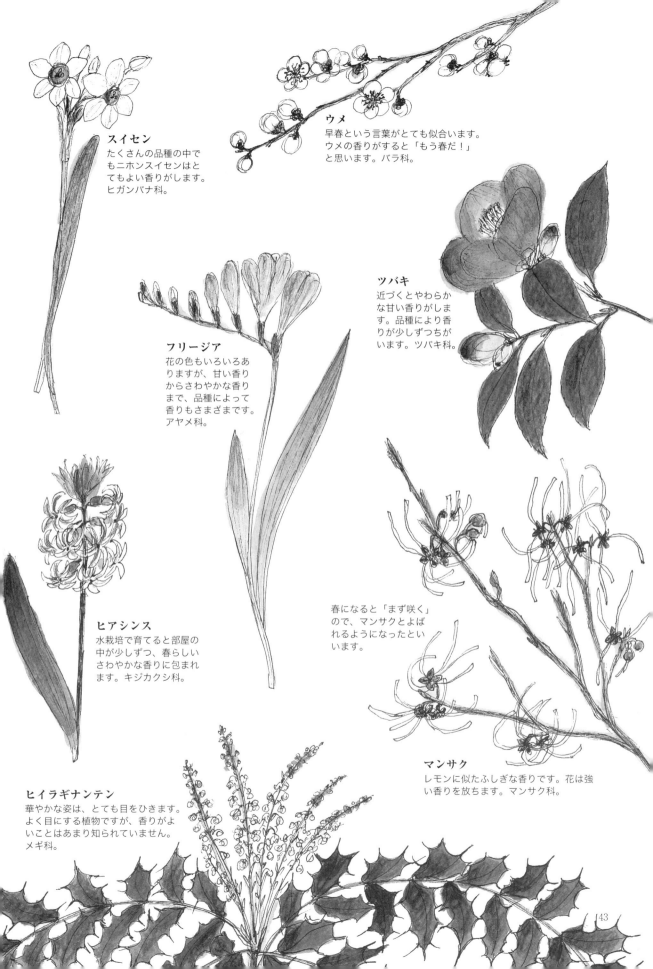

スイセン
たくさんの品種の中で
もニホンスイセンはと
てもよい香りがします。
ヒガンバナ科。

ウメ
早春という言葉がとても似合います。
ウメの香りがすると「もう春だ！」
と思います。バラ科。

ツバキ
近づくとやわらか
な甘い香りがしま
す。品種により香
りが少しずつちが
います。ツバキ科。

フリージア
花の色もいろいろあ
りますが、甘い香り
からさわやかな香り
まで、品種によって
香りもさまざまです。
アヤメ科。

ヒアシンス
水栽培で育てると部屋の
中が少しずつ、春らしい
さわやかな香りに包まれ
ます。キジカクシ科。

春になると「まず咲く」
ので、マンサクとよば
れるようになったとい
います。

マンサク
レモンに似たふしぎな香りです。花は強
い香りを放ちます。マンサク科。

ヒイラギナンテン
華やかな姿は、とても目をひきます。
よく目にする植物ですが、香りがよ
いことはあまり知られていません。
メギ科。

ワイルドフラワーの庭
を楽しもう

野原に花がたくさん咲いている風景はとてもすてきです。
"野の花"ワイルドフラワーを育てて、
庭に野原をつくってみませんか。

庭に魔法をかけるようにパラパラと種をまくのは楽しいものです。花壇やプランターにまいてもよいし、レンガの小道のわきにまいても OK。

ワイルドフラワーといっても道ばたに生えている野草のことではありません。丈夫で育てやすく一度植えると毎年花を咲かせる花の種をいろいろまぜて、「ワイルドフラワーの種」として販売しているのです。

ストロベリー
キャンドル

ヤグルマギク

キンセンカ

プリムラ

ポピー

スミレ

シャスタデージー

45

ワイルドフラワーの種は春にまくと、ぐんぐん大きく生長します。
秋にまくと、ゆっくり生長し、しっかりした苗に育ちます。
ワイルドフラワーの種をまくことで雑草の生長を抑えられます。
ここでは春まきをとりあげて生長を見てみましょう。

芽が伸びてきた！（初夏）

気温が上がると、苗も大きくなります。この時期になると、品種がだいたいわかるようになります。

何の芽かな？

新芽がでてきたら、虫眼鏡で観察してみましょう。種の種類がさまざまなので、新芽の形もいろいろ。

種のまき方（春）

葉書などを2つに折って種をのせ、指で紙をトントンとたたくようにして少しずつ種をまき、種が見えなくなるくらい、軽く土をかぶせます。

ストロベリー
カモミール キャンドル
シャスタ ヤグルマギク
デージー
ポピー

なつ

スミレ カカリア ネモフィラ

はる

種袋の種類

「白い花の種」、「背丈の低い花の種」というように、さまざまな配合で種は売られています。乾燥に強く丈夫で長く花を楽しめる品種が多いです。

2年目の楽しみ

植え付けた翌年になると、こぼれた種から新芽がでてきます。どこから何の芽がでてくるのか楽しみですね。

シャスタ
デージー
スミレ

ポピー

カモミール

スミレ

カカリア

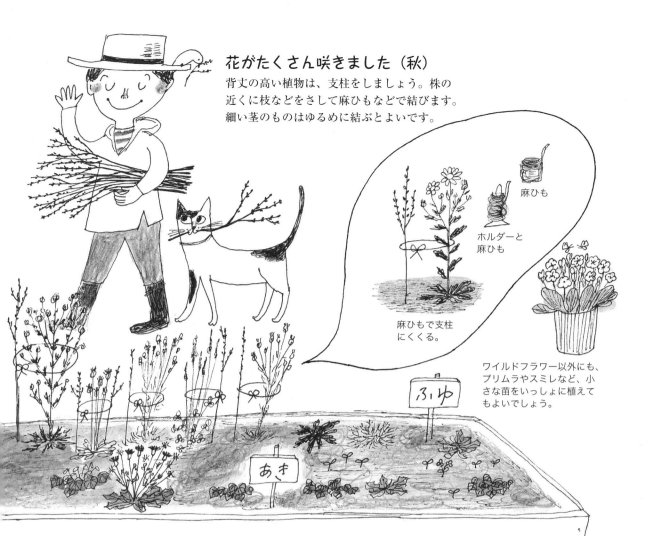

花がたくさん咲きました（秋）

背丈の高い植物は、支柱をしましょう。株の近くに枝などをさして麻ひもなどで結びます。細い茎のものはゆるめに結ぶとよいです。

麻ひも

ホルダーと麻ひも

麻ひもで支柱にくくる。

ワイルドフラワー以外にも、プリムラやスミレなど、小さな苗をいっしょに植えてもよいでしょう。

ふゆ

あき

毎日の手入れ

庭植えの場合、生長したら、水やりは自然にまかせてだいじょうぶ。鉢植えの場合、土の表面が乾いたら、たっぷりと水をあたえます。

切った花は、生け花や花束に

咲いた花を収穫すると、また花芽がつきます。切った花は花束にしたり、花瓶に生けたりして楽しめます。

来年のために

花が咲きおわったら種を収穫しましょう。収穫せずに残しておくと、来年もこぼれ種から芽をだします。茎を束ねて乾燥させ、種をとって、ガラス瓶などで保存します。収穫した種をまぜて、自分だけの配合をつくりましょう。

花が咲きおわったら種を収穫する。

十分乾燥させたら、種をとり、瓶などで保存。

ヒメリンゴ

春の庭をパトロール

暖かい日が続き、植物も次々と花を咲かせます。
でも、よく観察すると、咲きおわった花や傷んだ葉が目に入るはず。
花のさかりをすぎて、ちょっと疲れた植物の手入れをしましょう。

チューリップ

スイセン

麻ひも

はさみ

タンポポ

マーガレット

シジュウカラ

ハナミズキ

わたしたちと同じように植物も日々生きています。元気に花を咲かせるときもあれば、風邪をひいたように調子の悪そうなときも。植物は声にだして訴えませんが、よく観察すると、小さなサインをだしています。

キンギョソウ

プリムラ

花がら

小枝

ビオラ

ポピー

オオバコ

49

植物の様子が何だかいつもとちがう！
言葉を話せない植物からの
小さな SOS を見のがさないよう、
ふだんからよく観察して、
早めに気づいてあげましょう。

元気がないときはどうすればいいの？

水やり、花がらつみ、枯れ葉とり。この３つを毎日ていね
いにするだけで、だいたいの植物は元気に育つものです。
いつもとちがって元気がないときに、原因を自分で判断で
きなければ、園芸店や花屋さんに相談しましょう。

手入れをしないと？

植えっぱなしにしておくと、
花が小さくなってきたり、
葉が伸びすぎて風とおしが
悪くなり、病虫害の原因に
なります。

葉っぱを見てみよう

植物の状態を判断しやすいので、
まず葉っぱをチェックしましょう。

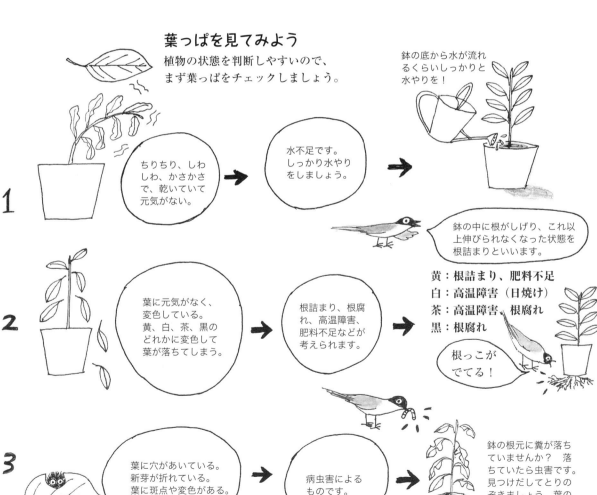

1 ちりちり、しわ
しわ、かさかさ
で、乾いていて
元気がない。 → 水不足です。
しっかり水やり
をしましょう。 → 鉢の底から水が流れ
るくらいしっかりと
水やりを！

鉢の中に根がしげり、これ以
上伸びられなくなった状態を
根詰まりといいます。

2 葉に元気がなく、
変色している。
黄、白、茶、黒の
どれかに変色して
葉が落ちてしまう。 → 根詰まり、根腐
れ、高温障害、
肥料不足などが
考えられます。 →

黄：根詰まり、肥料不足
白：高温障害（日焼け）
茶：高温障害、根腐れ
黒：根腐れ

根っこが
でてる！

3 葉に穴があいている。
新芽が折れている。
葉に斑点や変色がある。 → 病虫害による
ものです。 → 鉢の根元に糞が落ち
ていませんか？ 落
ちていたら虫害です。
見つけだしてとりの
ぞきましょう。葉の
変色は病気かもしれ
ません。

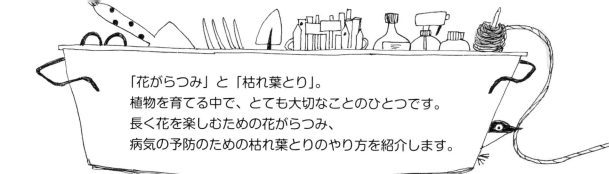

「花がらつみ」と「枯れ葉とり」。
植物を育てる中で、とても大切なことのひとつです。
長く花を楽しむための花がらつみ、
病気の予防のための枯れ葉とりのやり方を紹介します。

いつ頃つむの？

少し花がしおれてきたり、色があせて
きたら思い切って早めにつみとります。

花びらが散ると種ができ
はじめ、栄養をつかって
しまいます。こうなる前
に作業しましょう。

長く花びらをつけている
マーガレットやキクなど
は、つむタイミングがむ
ずかしいです。

花の中心から花粉が
でてきたら、つみと
りのサインです。

早めにつんだ花は、水を
はったお皿に浮かべて楽
しみましょう。

花がらのつみ方

花がらのつみ方は、花のつき方によってちがい、
大まかに分けて3種類あります。

1. 1本の茎に1輪の花

切る

ここでは
切らない。

花だけつむと、
茎だけ残って
見た目が悪い。

1本の茎に1輪の
花をつける植物は、
株元に近い花茎の
付け根で切ります。

プリムラ、ビオラなど

2. 枝分かれして枝先に花

枝先に花をつける
植物は、花茎を花
から1つ目の葉の
上で切ります。

マーガレット、デージーなど

3. 1本の茎にいくつもの花

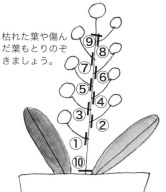

枯れた葉や傷ん
だ葉もとりのぞ
きましょう。

下から順に咲く花は、
咲きおわった花から
切り、最後に茎を切り
ます。

キンギョソウ、ストックなど

花茎の付け根で
切る。

プリムラ
早めに花がらつみをすることで、葉の
付け根にあるたくさんの蕾へ栄養分が
いきわたり、花をしっかり咲かせます。

マーガレット
花がらつみをすると枝数がふえ、株
が安定します。日あたりもよくなり、
次の花芽がつきやすくなります。

①下から順につむ。
②最後に付け根を切る。

キンギョソウ
花がらつみをすることで、
次の季節にたくさん花が
咲きます。

いろいろな国から
花がとどきます。

朝4時〜5時：市場へ出発
朝早く市場に向かい、お客さんの注文や
店のイメージを考えて、花を選びます。

チェーン店など、大量に仕入
れる店はセリで仕入れます。
箱詰めされた花がベルトコン
ベアで流れてきます。

花屋さんをのぞいてみよう
たくさんの花に囲まれて仕事をする花屋さん。
お店の中に入ると、花の香りに囲まれて
とってもよい気分になります。
そんな花屋さんの仕事をちょっとのぞいてみましょう。

朝6時頃：市場へ到着
花の市場は午前3時頃からはじまりま
す。よい花を選ぶため、花屋さんは早
起きをしてがんばります。店を見比べ、
安くて新鮮なものを選びます。

仲卸では、日本原産
のものや輸入品など、
色とりどりの花がき
れいに並んでいます。
見たこともないよう
な花もあります。

町の花屋さんはいろいろな種類を
少しずつ仕入れるので、市場の中
にある仲卸で花を買います。

花屋さんって、
とっても
朝早いんだね！

11時頃：開店！
開店まではそうじ、水かえ、花の手入れ
などをします。切り花も鉢花と同じよう
に、咲きおわった花や枯れた葉をとりの
ぞくなど、手入れをします。

朝9時頃：店に戻って開店準備
店では仕入れた花を確認しながら値段をつけ
ます。花を包みからほどいて水にいれ、店に
並べられるように下準備をします。

仕入れた花をすぐにいれられるよ
う、バケツに水をくんで準備して
おきます。

flower shop

flower shop

closed

注文のし方や、花の包み方、
切り花の手入れのし方など、
花屋さんにきいてまとめてみました。
楽しめる時間は短いですが、
ドライフラワーや押し花など、
切り花を最後まで楽しむポイントを
ご紹介します。

お店の中には見たことのない
花もたくさん。花の名前をき
いてみたり、香りをかがせても
らったりしてみましょう。

注文のし方

花束やアレンジメントを注文
してみましょう。好きな色や、
「やさしい」「さわやか」など
のイメージを伝えて花束をつ
くってもらうこともできます。
だいたいの予算も忘れずに伝
えましょう。

1本でも買えます！

花屋さんをはじめるには？

専門学校にいく人もいれば、花屋さん
で働きながら勉強する人もいて、なり
方はさまざま。何年か経験を積んでか
ら独立することが多いです。

わたしも
花屋さんに
なれるかな？

花の包み方

育てた花をプレゼントするときに、基本的な包み方を
知っていると、とても役に立ちます。

切り口の包み方

水で湿らせたティッシュを花の
茎の切り口にあててアルミ箔な
どで包みます。

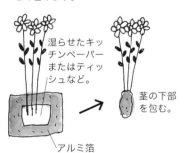

湿らせたキッ
チンペーパー
またはティッ
シュなど。

茎の下部
を包む。

アルミ箔

ラッピングのやり方

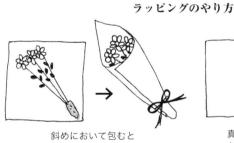

斜めにおいて包むと
フォーマルに。

真ん中において包むと
かわいらしく。

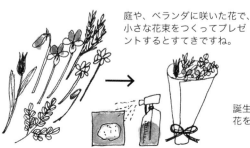

庭や、ベランダに咲いた花で、
小さな花束をつくってプレゼ
ントするとすてきですね。

誕生日、お祝い事のときなどに
花をプレゼントしましょう！

花をプレゼントするときの ちょっとしたひとくふう

後で渡すなら、花を長もちさせるため、買ってきた花束の下部をていねいにとりはずし、水につけておきます。花束を受けとった人がもち帰るときのことを考えて、少し大きめの袋も用意しましょう。

キッチンペーパー
アルミ箔

リボン

リボンをほどき、包みの下の部分をていねいにめくり、アルミ箔などをはずして、茎を水につけます。

渡すときにはリボンを結び直し、少し大きめの紙袋などにいれる。

花をもらったら

花をもらったら、まずやるのが水切り。長もちさせるために、水かえもていねいにやりましょう。

水切り
包みをほどき、水をはった器の中へ茎をいれ、先をはさみで切ります。これを「水切り」といい、水の中で茎を切ることで水を吸い上げやすくなり、花が長もちします。

水かえ
水は毎日かえるのが理想的ですが、1日おきでもだいじょうぶ。花瓶のぬめりをブラシなどで落とし、花の茎の先を少し切る。傷んだ葉や花もとりのぞいて生け直すと、とても元気に！

切り花の延命剤がありますが、毎日水かえをする方が、花によいでしょう。

短くなった花をいろいろな器で楽しむ

水かえのたびに茎の先を切るので、日がたつにつれて花の丈が短くなります。少しずつ浅い器にかえていくと、短くなってからも楽しめます。

花の印象もかわり、新鮮な気もちになります。

大きな花瓶から、中くらいの花瓶へ。

ガラスのコップへ。

最後は水に浮かべて楽しみましょう。

ドライフラワーや押し花

プレゼントされてうれしかった花は、ドライフラワーや押し花にしてとっておきましょう。

ドライフラワー

風とおしがよく湿度の低い場所につるして乾燥させる。

押し花

ティッシュ　　　　　新しいティッシュ

①ティッシュではさみ、水気をとる。

②ティッシュをとりかえ、本の間にはさむ。

③はさんだまま1カ月ぐらいまつ。

④乾燥したら、フレームにいれて飾る。

食べたくだものの種を
まいてみよう

好きなくだものは何ですか？
いつもは捨てるくだものの種を植木鉢にまいてみると、
意外と簡単に芽をだします。
いつも食べているくだものが育つ様子を
庭やベランダで眺めてみませんか？

**パイナップル
<多年草>**
種ができない品
種が多いですが、
まれに種が入っ
ています。もし
見つけたらまい
てみてください。

**キウイ
<つる性植物>**
雌雄異株です。
種から育てると
花が咲くまで雌
株か雄株かわか
りません。

ビワ<常緑樹>
背が高く上へ伸び
るので、剪定して
鉢で小さく育てま
しょう。葉は裏の
毛をとって、ビワ
の葉茶に！

イチゴ<多年草>
イチゴは少しずつ実
がなるので、長く楽
しめます。

芽がでてから実がなるまで長
い年月がかかるものも多いの
で、気長に見守りましょう。
実がなるまでは観葉植物とし
て楽しめます。

パイナップルの種

キウイの種

パイナップル
種まき：春から秋
クラウン：春から秋

イチゴの種

ビワの種

キウイ
種まき：春と秋

パイナップルの
クラウン（冠芽）

ビワ
種まき：春から夏

イチゴ
種まき：春と秋

アボカド＜常緑樹＞
発芽はしやすいですが、大きく育たないと実をつけません。観葉植物として楽しみましょう。

マンゴー＜常緑樹＞
大きな種のふちをそっと切ると、芽がでている豆のようなものが！

リンゴなど＜落葉樹＞
バラ科のリンゴやサクランボなどは、寒さを経験してから芽をだす性質をもっています。

柑橘類＜常緑樹＞
よく発芽します。葉からはそれぞれのくだものの香りがします。

ブドウ＜つる性植物＞
鉢で育ててもよいし、フェンスやアーチにからませてもよいでしょう。

芽がでてきたら、植えた鉢を並べて、小さな果樹園コーナーをつくってもおもしろいね！

アボカドの種

マンゴーの種

リンゴの種

リンゴ
種まき：春
注意：冷蔵庫で寒さを経験させてからまく。

レモンの種

柑橘類
種まき：春から秋

アボカド
種まき：春から秋

マンゴー
種まき：春から秋

ブドウ
種まき：春と秋

ブドウの種

57

まきたい種が決まったら、さっそくまいてみましょう。
すぐに芽がでるもの、でないものなどありますが、
いろいろためしてみるのもいいですね。
すべてがうまく育つとはかぎらないので、いろいろまいてみましょう。

簡単に芽がでる柑橘類

レモン、オレンジ、グレープフルーツなどの柑橘類はいつでもお店で手に入り、種も多く、春から秋までにまけば簡単に芽がでてきます。はじめてまくにはもってこいです。

種のとりだし方

食べながら種をさがしてもよいのですが、包丁で種を傷つけないよう、実を縦に半分に切り、フォークで少しずつ果肉を掘りながらさがします。

緑色の熟していない実は、種が小さかったりなかったりします。

種のまき方

鉢に鉢底石と培養土（草花の土など）をいれ、2〜3cmの深さで種をまきます。後で植えかえるならビニルポットでもだいじょうぶ。

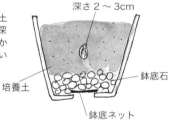

深さ2〜3cm

培養土

鉢底石

鉢底ネット

大きく育ってきたら

20cmぐらいまで生長したら6〜7号くらいの大きめの鉢に植えかえましょう。肥料は春と夏に化成肥料または油かすと骨粉のまざった市販の固形肥料を。

日々の手入れ
日あたりのよいところで育て、土が乾いたら水をやりましょう。

同じように種をまけるくだもの

ミカン、グレープフルーツ、スウィーティー、ハッサク、ナツミカン、ユズ、カボスなどの柑橘類のほか、ビワやブドウも同じやり方で種をまけます。

パイナップルはクラウンで

売られているパイナップルで種のある品種は一般的ではないので、葉のついたクラウン（冠芽）を土にさしてふやします。

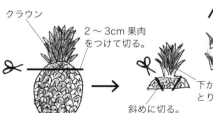

クラウン

2〜3cm果肉をつけて切る。

斜めに切る。

下から5〜6枚、とりのぞく。

①ふだんは捨ててしまうクラウンを、春から夏にさすと、よく根がでて生長します。

②果肉の部分を図のように斜めに切り、下の方の葉をとりのぞきます。

③2〜3日、切り口を乾かします。

④5号ぐらいの鉢に、培養土などをいれてさします。

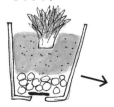

⑤日あたりのよい場所におくと、2〜3週間で根がでます。春と秋に肥料をあたえ、冬は室内で育てます。

⑥大きくなったら植えかえます。8号以上の鉢だと実をつけやすいです。

⑦3〜4年で実をつけます。一度、実をつけた株にはもう実がならないので、次の代は根元から伸びた子株を育てます。

子株

種が小さいくだもの

 イチゴやキウイなどの小さな種からも芽がでてきます。

 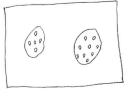

①実を少し切る。

②キッチンペーパーの上で乾かし、種をとりだす。

深さ5mmほど。

③水に1晩つけて、沈んだ種をつかいます。

④浅い鉢にまきます。

⑤2～3週間たち、芽がでたらビニルポットに植えかえます。

種をひらいてからまくマンゴー

 大きな種をひらいてみると……中には豆のようなものが！ マンゴーはこれをまいて育てます。

5～7cmくらい。

大きな豆のような形。芽が伸びはじめていることが多いです。

①実から種をとりだします。

②種をきれいに洗い、はさみでふちを切ります。

③中身をとりだします。

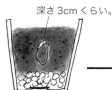 

深さ3cmくらい。

④培養土に3cmの深さに植えます。

⑤赤いきれいな芽が伸びてきます。

寒さにあたって芽がでるくだもの

リンゴ、サクランボ、ウメ、モモ、ナシなどは寒い冬を経験して発芽します。すぐに種をまき外で越冬させるか、冷蔵庫で2～3カ月保存して冬の寒さを人工的に体験させて種をまくと、よく芽がでます。

⑤本葉が伸びたら大きな鉢に植えかえます。

①キッチンペーパーに種を包み、霧吹きで水気をあたえます。

③冷蔵庫で2～3カ月保存。

④培養土などにまきます。

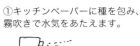

 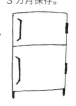

②種が乾かないようにラップなどで包んで容器にいれます。

2～3cmの深さに埋めます。

根が伸びるのを楽しむアボカド

 アボカドの種まきは、根が伸びる様子を観察できる水栽培をおすすめします。種をきれいに洗って、水をいれたコップなどの容器に固定します。

わりと簡単にできるよ！

①実を半分に割り、種をとりだす。

②4カ所につまようじをさす。意外と簡単にささります。

⑤根が伸びたら鉢に植えます。屋外でも育ちますが、部屋で育ててもよいでしょう。

③種の少しとがった方を上にして固定。

④下から1/3程度が水につかるように。

実はいつ頃なるの？

接ぎ木などをした市販の苗とちがい、種から育てると実るまでにかなり時間がかかります。ブドウ、パイナップルは4～5年、キウイ、モモなどは7～8年。イチゴは種をまいた翌年には実がなります。

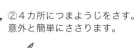
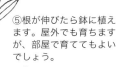

コンポストって何？

落ち葉や枯れ草、野菜の切れはしなどの有機物を発酵させて、
肥料にかえるしくみをコンポストといいます。
市販のコンポストもいいですが、自分でもつくれます。
それまで「ゴミ」だと思っていた野菜くずが、「肥料」に見えてきますよ。

野菜くずなどを落ち葉と土ではさむと、臭いを減らせます。野菜くずの水分をしっかり切ることも大切。

広い庭なら、地面に木の板をさして四方を囲めば、コンポストのできあがり。

市販の蓋つきコンポストなら、カラスなどのいたずらも防げます。

夏は、微生物が活発なので、すぐに堆肥になります。

段ボールでも簡単にコンポストをつくれます。

咲きおわった花はコンポストで堆肥にかわり、今度は花の栄養に！

プランターや植木鉢のコンポスト

植木鉢やプランターなどを利用して、もっと手軽にコンポストをつくってみましょう。花が咲きおわり土を新しくするときなど、土を捨てずにコンポストにいれて再生しましょう！

植木鉢
鉢の下から土、野菜くず、土と、順に重ねていきます。

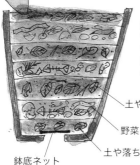

魚や肉などの動物性のものは、臭いがでやすいので、初心者は植物性の野菜くずなどをいれるとよいでしょう。

土や落ち葉など
野菜くずなど
土や落ち葉など
鉢底ネット

植木鉢を3つ用意して、順番につくるとよいです。

熟成中の鉢

いっぱいになった鉢

これからスタートする鉢

1〜2週間ほど熟成させてから、移植ごてなどで掘り返し、空気をいれてやると早く堆肥になります。

プランター
細長い形を3カ所に分け、植木鉢と同じように埋めこむ場所を順番にかえていきます。

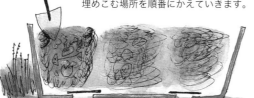 →

野菜くずがしっかり隠れるぐらいに土をかぶせておくと臭いが気になりません。

①端の1/3を掘り、土と野菜くずなどを順に埋めます。
②埋めおわったら、中央の1/3を掘り、同様にします。
③残った1/3を掘り、同様にします。
④1〜2週間ほどそのまま熟成させてからよくまぜて空気をいれます。野菜くずなどが堆肥にかわったらできあがり。

段ボールでコンポスト

植木鉢やプランターよりも、
もう少し大きなコンポストにしたいなら、
手軽な段ボールでつくるのがおすすめです。
通気性もよく、保温性も高く、
意外としっかりしたコンポストができますよ。

つくり方

大きさが少しちがう段ボールを
2つ重ねてつくります。紙なの
で、雨のかからないベランダや
軒先などにおきましょう。

材料

・段ボール　2箱
　（大きさが少しちがうもの）
・古いTシャツ　1枚
・ガムテープ　1巻
・ピートモス　適量
　（ミズゴケなどでできた泥炭）
・もみ殻くん炭　適量
　（もみ殻でつくった炭）

野菜くずの
水分をしっ
かり切るの
がこつ。

1 ガムテープ

1/2ほどの高
さに切る。

縁をガムテープで
補強する。

大きい段ボールの蓋を
内側に折り、ガムテー
プで縁を補強します。

小さい段ボール箱を
大きい方の半分くら
いの高さに切ります。

すき間にビニルを
はさむと、じょう
ぶになります。

2

わぁ、
あったかい！

内側の段ボール
からあふれない
ように！

小さい段ボールを大きい
段ボールの中に重ねます。

3

箱の中に、もみ殻くん炭、ピー
トモス、野菜くずの順に、く
り返し重ねていきます。

段ボールの底には
もみ殻くん炭を厚
めにしきましょう。

蓋のつくり方

両袖を切る。

段ボールに
かぶせる。

首と袖
をぬう。

レンガなど

直接おかず、レンガ
などの上におくと通
気性がいいです。

ペットボトルでコンポスト

もっと小さくつくりたい場合はペットボトルをつかいます。
たくさんの堆肥はできませんが、
野菜くずなどが堆肥にかわる様子もわかります。
実験しているみたいでおもしろいですよ。

材料
・2ℓのペットボトル　2本
・ガーゼまたはストッキング　少し
・輪ゴム　2個

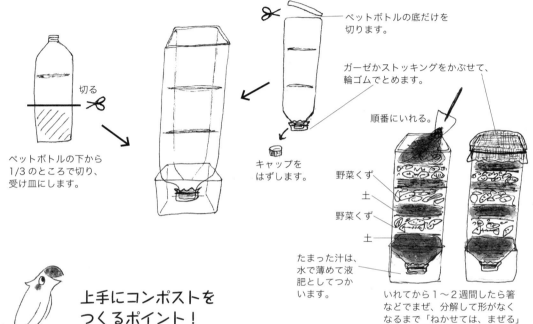

ペットボトルの下から
1/3のところで切り、
受け皿にします。

ペットボトルの底だけを
切ります。

ガーゼかストッキングをかぶせて、
輪ゴムでとめます。

キャップを
はずします。

順番にいれる。

野菜くず
土
野菜くず
土

たまった汁は、
水で薄めて液
肥としてつか
います。

いれてから1〜2週間したら箸
などでまぜ、分解して形がなく
なるまで「ねかせては、まぜる」
をくり返します。

上手にコンポストを
つくるポイント！

1　野菜などは水気を切り、細かく刻
む。レモンなどの柑橘類は匂いを
消す効果もありますが、分解しに
くいので細かくしましょう。

2　コンポストの中に空気を送りこむ
ため、なるべく1日1回スコップ
などでまぜます。（お休みする日
があってもOK）

3　おき場所は半日陰の涼しいところ
にしましょう。ベランダなど直射
日光があたる場所では、よしずな
どで日よけを。

4　土→野菜くず→土と交互にいれ
ますが、最後に土を一番上にか
けると、臭いがもれず安心です。

最後に土をかける。
野菜くず
土
野菜くず
土

5　堆肥ができあがったら、そのまま
涼しい場所でねかせます。

※近隣に臭いがもれないよう気をつけましょう。
※はじめは小さなコンポストから挑戦するといいかもしれません。

初夏

クワ

ベリーガーデンをつくろう

イチゴやブルーベリーなどのなかまを
「○○○ベリー」とよびます。
そのままで食べてもよし、ジャムなどにしてもよし。
いろいろな種類を育てて、
ベリーガーデンをつくりませんか?

イエローベリー

ホワイトカラント
（フサスグリ）

クランベリー

グーズベリー

ブラック
カラント
（カシス）

レッドカラント
（フサスグリ）

ジューンベリー

ラズベリー

ブラックベリー

ワイルド
ストロベリー

ブルーベリー

65

ワイルドストロベリー
（エゾヘビイチゴ）
バラ科。イチゴよりも酸味が強
く野性的な味。庭に植えるとふ
えていきます。収穫時期は4〜
6月頃と10〜11月頃の2回。

ベリーは、育てるだけでなく収穫も魅力。
自分の庭やベランダに合った種類を
選んで育ててみましょう。

ベリーってどんなもの？
辞書でひくと、berry とは「果肉のやわらかい
小さな果実」といったことが書かれています。
植物学的な分類というより、食べられる小さな
果実のなかまをベリーとよんでいます。

ストロベリー
（イチゴ）
バラ科。子どもにも人
気のイチゴ。甘くてお
いしいですね。収穫時
期は4〜5月頃。

苗の選び方
ベリーにかぎらず、苗には、ビニルのポット苗、鉢
植え仕立て、大苗など、さまざまな種類があります。
植える場所と植木鉢の大きさを考えて選びましょう。

水やりと肥料
水は、土の表面が乾いたら、
たっぷりとやりましょう。肥
料は、春と秋に油かすや骨粉
などの有機肥料をあたえます。

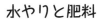

ジューンベリー
（セイヨウザイフリボク）
バラ科。生で食べても酸っ
ぱくないので食べやすい。
きれいに紅葉する。収穫時
期は5〜6月頃。

花は小さく、
かわいらしい。

グーズベリー（セイヨウスグリ）
フサスグリと同じスグリ科ですが、大きく育ちます。
透明の緑色の実は甘酸っぱく、ジャムに向きます。
半日陰でも育ちます。収穫時期は6〜7月頃。

庭植え？ それとも鉢植え？

鉢植えで育てているものでも庭に植えると大きく育ちます。どのくらい大きくなるのかをよく考えておくことも大切です。まずは鉢植えで育ててみるとよいですね。

クランベリー（ツルコケモモ）

ツツジ科。上手に鉢で育てると実がなります。ジャムやドライフルーツに。紅葉もきれいです。収穫時期10〜11月頃。

マルベリー（クワ）

クワ科。葉は蚕の食草として知られていますが、実は人が食べても甘くておいしい。収穫時期は6〜7月頃。

植えかえのし方

ベリー類の植えかえの時期は共通です。植えかえ、植え付け共に春と秋です。鉢植えの場合、最低でも1年おきに植えかえを。

1 ①鉢からとりだし、根の下の方を切ってくずし、根をひと回り小さくします。

2 ②大きく育てたいのなら大きな鉢に、大きさをかえたくないのなら元の鉢に新しい土で植えましょう。

おいしく実らせるには

ベリー類は日なたが大好き。日あたりがよいと甘い実がなります。半日陰で育てるならフサスグリのなかまやワイルドストロベリー、マルベリーなどの品種を選びましょう。また、花が咲いた後の水切れに注意。果実がしぼむ原因になります。

おいしいベリーは早い者勝ち

小鳥たちも虫も、おいしいベリーが大好き。庭に遊びにきた小鳥が食べてしまうことも！早起きしてつみましょう。

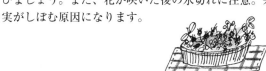

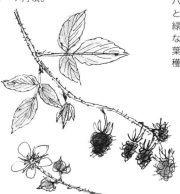

ラズベリー

バラ科。とても丈夫で育てやすく、初夏から秋まで、長く実を楽しめます。甘くておいしい。収穫時期は6〜7月頃。

ブラックベリー

バラ科。ラズベリーと似ていますが、常緑なので、フェンスなどにからめると、葉がきれいです。収穫時期は7〜8月頃。

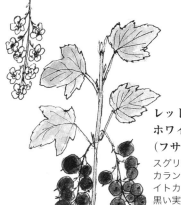

レッドカラントとホワイトカラント（フサスグリ）

スグリ科。赤い実のレッドカラントの白実品種、ホワイトカラントもあります。黒い実がなるブラックカラント（カシス）は別種。収穫時期は6〜7月頃。

オリーブの木を育てよう

風がそよぐたびに枝がゆれる……
大きなオリーブの木はあこがれですが、
小さな苗なら鉢でも庭植えでも簡単に育てられます。

やわらかな枝をくるくると丸めて、
リースや王冠にします。

オリーブは平和の象徴といわれ、花言葉も「平和」。また、オリーブのリースはオリンピックの勝者のしるしでもあります。

実は油をとったり塩漬けにしたりして利用します。

オリーブは地中海周辺が原産なので、
乾いた日あたりのよい場所を好みますが、半日陰の場所でもだいじょうぶ。
庭植えでも鉢植えでも育てられます。
寒い地域では鉢植えにして、冬は室内で育てます。
6〜7月頃に挿し木でふやすこともできます。

庭植えで
苗木のときは
支柱を立てる
と株が安定し、
よく育ちます。

アルカリ性を好
むので石灰を、
そのほか腐葉土、
堆肥をすきこむ
とよく育ちます。

春と秋に油かす、骨粉
などの肥料をあたえる。

枝がやわらかいので、
苗でも支柱を。

鉢植えで
大きめの鉢に
草花と寄せ植
えにして楽し
むことも。

よい苗を選ぼう
3〜5号ほどの小さなポット苗でも、
しっかり育ちます。曲がりがなく、茎
がしっかりと太いものがおすすめです。

挿し木をしてみよう！
太い枝をつかう太枝挿しと、新芽を
つかう新芽挿しがあり、春先から梅
雨頃が適期です。初心者は新芽挿し
がおすすめです。

切る

下の葉を切って
鉢にさす。

3カ月ほどで、
根がでてきます。

乾燥を好むので、水やりは
土が乾いてから、たっぷり
とやる。

市販の培養土または赤玉
土の小粒6割と、腐葉土
4割に堆肥と石灰。

ミッション

軽石（鉢底石）

鉢底ネット

鉢植えの育て方
日あたりと風とおしのよいところを
好みます。鉢植えは1年おきぐらい
に植えかえが必要です。鉢からとり
だして根の下の方を切り、くずして、
新しい土で植えかえます。

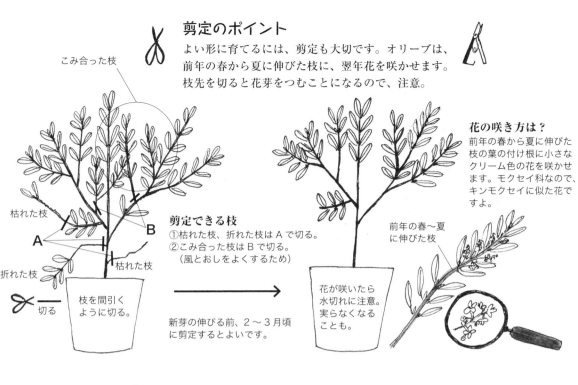

剪定のポイント

よい形に育てるには、剪定も大切です。オリーブは、前年の春から夏に伸びた枝に、翌年花を咲かせます。枝先を切ると花芽をつむことになるので、注意。

こみ合った枝

枯れた枝

折れた枝

A

B

枯れた枝

切る

枝を間引くように切る。

剪定できる枝
①枯れた枝、折れた枝はAで切る。
②こみ合った枝はBで切る。
（風とおしをよくするため）

新芽の伸びる前、2～3月頃に剪定するとよいです。

花が咲いたら水切れに注意。実らなくなることも。

花の咲き方は？
前年の春から夏に伸びた枝の葉の付け根に小さなクリーム色の花を咲かせます。モクセイ科なので、キンモクセイに似た花ですよ。

前年の春～夏に伸びた枝

ルッカ
小粒で搾油に適しています。丈夫で1本でも実をつけやすい。

ミッション
とがった卵形で中粒。塩漬けに向きます。葉の裏が白く、とても美しいたたずまい。

マンザニロ
大粒で丸い実。塩漬けに向きます。樹形は横広がりであまり背が高くならず鉢植え向き。

オリーブいろいろ

実は成熟すると黒くなり、秋に収穫します。自分の花粉では受粉しにくく、花期の近い複数の品種を近くで育てると実をつけやすくなります。千種以上ともいわれる品種の中で、入手しやすく育てやすい品種をご紹介します。

※オリーブの実はそのままでは食べられません。
　長期間の塩漬けや、苛性ソーダを使用したあく抜きが必要です。

ネバディロブランコ
中粒。搾油向きです。枝がよく広がり葉も多く、花粉も多いので授粉向き。

コロネイキ
小さな実がなり、上質の油がとれます。ほかの品種と比べ葉も小さい。

カラマタ
大粒でピクルスに向きます。実をしっかり楽しむ人におすすめ。

71

夏のしたく

もうすぐ夏です。
暑い夏をさわやかな気もちで過ごすため、
庭やベランダで夏の花じたくをはじめませんか？

アサガオの花が「いってらっしゃい」と
送りだしてくれているようですね。

ヨルガオ

アサガオ

この時期に種をまけば、
夏には大きく育ったアサ
ガオを楽しめます。

サルビア

ミント

ローズマリー

ニチニチソウ

スイレン

ヨルガオ

スイレン

サルビア

ヨルガオの花が「おかえりなさい」
と出迎えてくれているようですね。

ヨルガオは日が暮れはじめると蕾がふくらみ、薄暗く
なる頃には、大きな白い花を咲かせます。甘くやさし
い香りがするので、夕涼みにでかけたくなります。

アサガオ（朝顔）と
ヨルガオ（夜顔）の種まき

種の殻が固いアサガオは一晩水につけ、ヨルガオは紙ヤスリなどで少し傷をつけて5月頃にまくと、発芽しやすくなります。

日よけ

ベランダや照り返しの強い場所では、暑さに弱い植物を守るのに効果的。

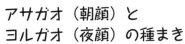

アサガオ

一晩水につけ、ふくらまなかったら傷をつける。

ヨルガオ

少し傷をつける。

水はたっぷりとあたえて芽がでるまで乾かさないようにしましょう。

ねじや釘でとめる。

アサガオは7〜10月頃に、ヨルガオは8〜11月頃に咲きます。

つる性植物を植えて緑のカーテンを育てたり、
水草などを育てたりして、
暑い日を心地よく過ごしましょう。
いつもより早起きしたくなりますよ。

苗をいくつか植えた方が、早く緑のカーテンができあがります。

緑のカーテン

つる性植物をいくつか植えるとにぎやかです。朝夕に打ち水をすると、涼しい風が吹いてきます。

ローズマリー

ミント

麻ひも

枝や杭などを地面にしっかりさし、麻ひもを結ぶ。

ヨルガオ

アサガオ

ヒャクニチソウ

枝
地面　　麻ひも

ヨルガオ

アサガオ

水生植物

池がなくてもスイレン鉢やバケツなどで、水草を楽しめます。身近に水がちょっとあるだけで、涼しい夏を演出できます。

スイレンの植えかえ

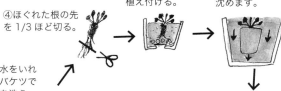

①苗を水からだして少し水を切る。

②ポットからとりだす。

③水をいれたバケツで根を洗う。

④ほぐれた根の先を1/3ほど切る。

⑤新しい用土で植え付ける。

⑥水をはったバケツに、植えかえた鉢を静かに沈めます。

⑦水が濁ったらバケツの水をはりかえます。何度か水をとりかえると、水がすんできます。

⑧水がすんできたらスイレン鉢などにいれかえます。

小さな容器で育ててもだいじょうぶです。

いろいろな水生植物を育てよう

いろいろな水生植物をいっしょに育てると、ちょっとした池のようです。トンボが遊びにきたり、タニシの子どもが現れるかも。ボウフラが心配なら、メダカやキンギョをいっしょに飼うとよいでしょう。

植物についていた卵がかえって、生きものが現れるかも！

ホテイアオイ

大きくなると薄紫のきれいな花が咲きます。根も濃い紫色。ガラスの器で育て、根を楽しんでもよいでしょう。

ふやし方

子株ができたら、葉が3枚ほどに育ったところで親株から切り離します。

緑のカーテンいろいろ

植物をつかっての緑のカーテン。くふう次第でいろいろと楽しめます。緑の力で涼みましょう。

窓の開閉ができるように少し間をあける。

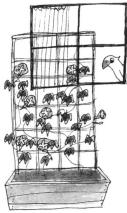

大きく育てたいときは、2階のベランダや手すりから麻ひもや専用のネットなどを下ろし、つるを巻きつけます。

フェンスつきのプランターに植えれば、移動ができて便利です。

小さな窓辺では、竹や枝などでプランターに支柱を立てます。

もっと小さな窓辺は、窓枠にそってはった針金や麻ひもに、つる性植物を伝わせます。

夏までにしておく仕事

緑がきれいな季節になりました。
梅雨時は植物がよく生長しますが、
葉がしげりすぎて蒸れると、病虫害の原因になります。
今のうちに庭やベランダをすっきりと風とおしよくしましょう。

アジサイ

アジサイの剪定

芝刈りばさみ

芝刈り機

こくまで

草とり

生け垣の刈りこみ

レッドロビン
（ベニカナメモチ）

ローズマリー

ミント

ラベンダー

ハーブの切り戻し

タイム

剪定、切り戻し、刈りこみ、草とり。
梅雨から夏を上手に過ごすために大切な仕事です。
ていねいにすすめましょう。

ハーブの切り戻し

夏の暑さに弱いハーブは、この時期に収穫を兼ねて短く切り
戻します。株の高さが1/2〜2/3になるよう剪定します。

切ったハーブ
は、干してド
ライハーブに。

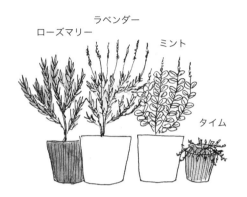

ローズマリー
ラベンダー
ミント
タイム

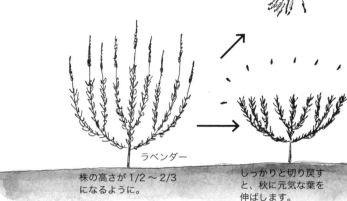

ラベンダー

株の高さが1/2〜2/3
になるように。

しっかりと切り戻す
と、秋に元気な葉を
伸ばします。

アジサイの剪定

まだ咲いているアジサイも、夏までには剪定します。早めに切り花に
してもよいでしょう。花をそのまま1〜2輪残し、秋に色づくのを楽
しむのもいいかも。

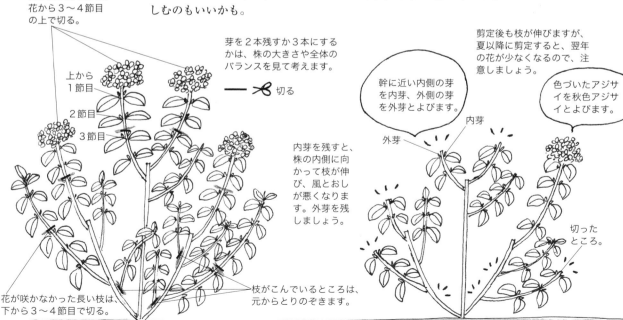

花が咲いたものは、
花から3〜4節目
の上で切る。

上から
1節目

2節目

3節目

芽を2本残すか3本にする
かは、株の大きさや全体の
バランスを見て考えます。

—✄ 切る

内芽を残すと、
株の内側に向
かって枝が伸
び、風とおし
が悪くなりま
す。外芽を残
しましょう。

剪定後も枝が伸びますが、
夏以降に剪定すると、翌年
の花が少なくなるので、注
意しましょう。

幹に近い内側の芽
を内芽、外側の芽
を外芽とよびます。

色づいたアジサ
イを秋色アジサ
イとよびます。

内芽

外芽

切った
ところ。

花が咲かなかった長い枝は、
下から3〜4節目で切る。

枝がこんでいるところは、
元からとりのぞきます。

78　※剪定：枝や茎を切り形を整えること。切り戻し：枝や茎が伸びる前の状態に切りつめること。刈りこみ：形を刈りそろえること。

芝生の刈りこみ

芝生のある庭は雑草も元気よく伸びます。こまめに
手入れをして夏を迎えましょう。

刈りこむ前に目立つ雑草をとりのぞき
ます。根がはってとりにくい場合は、
はさみや草抜き器などをつかいます。

草抜き器

好みの長さ（1.5～5cm）に刈り
こんでいきます。できれば週に1
回作業をすると美しく保てます。

芝刈りばさみ

刈りとった芝は、くまでな
どではきだして、風とおし
をよくしましょう。

くまで

マルチング

梅雨時は植物の足下に、枯れ草や腐葉土
などでマルチング（覆い）をしましょう。
泥はね、病虫害の防止になります。

常緑樹の剪定と刈りこみ

春～夏は常緑樹の手入れをする適期です。この時期に刈りこ
むと枝葉がよい形に伸びます。剪定は落葉樹と同じ方法でお
こないます。刈りこんで形を仕立てる生け垣やトピアリーな
どは、いきなり刈りこまず、まずは伸びすぎたり、こんでい
る枝を剪定しましょう。

少し離れたところから見ると、1年間で
伸びたところがわかります。

全体を刈りこむ前に、A～Eの
枝をとりのぞきます。
　A: 長く伸びすぎた枝
　B: こみいった枝
　C: 折れた枝
　D: 枯れた枝
　E: ひこばえ（やご）

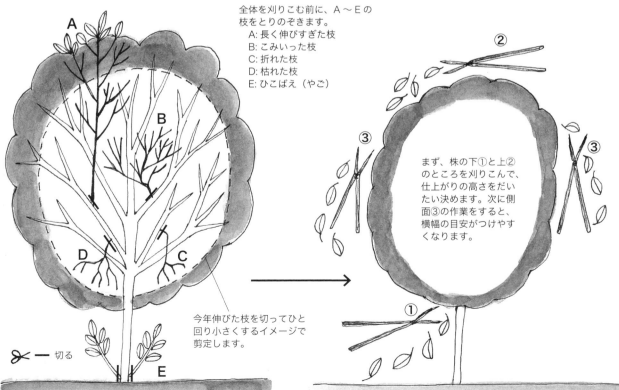

✂— 切る

今年伸びた枝を切ってひと
回り小さくするイメージで
剪定します。

まず、株の下①と上②
のところを刈りこんで、
仕上がりの高さをだい
たい決めます。次に側
面③の作業をすると、
横幅の目安がつけやす
くなります。

※トピアリー：樹木を刈りこんでさまざまな形に仕上げたもの。

79

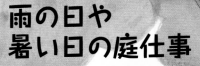

雨の日や
暑い日の庭仕事

梅雨時や真夏など、
雨や暑さの中で庭仕事を
しなければならないときは、
しっかりと対策をしてから、
とり組みましょう。

雨の日の庭仕事

湿り気があり、土もやわらかく、
ほこりも立たないので、作業が
はかどります。寒くなければ雨
もなかなかよいものです。

防水の帽子

ポンチョ

レインコート

タオル

長靴

暑い夏の日の庭仕事

熱中症や虫さされなどに、気を
つけます。心地よく作業できる
ように準備し、ときどき休みな
がら作業をしましょう。

つばの広い帽子

タオル

打ち水

長袖

蚊とり線香

日陰

飲み水

虫よけスプレー

蚊とり線香

81

——雨の日の庭仕事——

軒下で作業をするときも雨対策をしておくと、
何かをとりにちょっと庭へでるときなどでも安心です。

池そうじなどに
は胴付き長靴。

履き物

暑いときはサボサ
ンダル。寒いとき
は長靴がおすすめ。

ゴム靴

ふつうの長靴

服装

レインコートは外出用のお古でも、庭作業用の
ものでもOK。お気に入りのものをもっていると、
雨の日も楽しい気分です。

サボサンダル

短い長靴

帽子は防水仕様のものを。

腕がだせるポ
ンチョも便利。

上下に分かれてい
るカッパもOK。

雨をさけて

軒下など、雨のあ
たらないところで
作業をしましょう。
強い雨や風の日は、
庭仕事はお休みで
す。

OK!

タオル

タオルはとっても大切です。
2〜3枚は用意しておきま
しょう。

首にまいて雨
の進入を防ぐ。

体がぬれたら
室内にもどっ
てよく乾かし
ましょう。

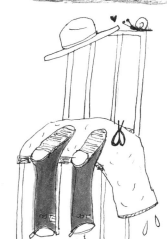

おわったら

作業がおわったら長靴の泥
を洗い落として、逆さに干
します。晴れたら内側も日
にあてて消毒しましょう。

——暑い日の庭仕事——

朝や夕方の作業がおすすめ。
ちょっとくふうするだけで、暑さもやわらぎます。

休息

休むときは、バケツなどに水を
いれ、足の疲れをとり、長靴も
日にあてて乾燥させます。

虫よけ

虫よけスプレーやシール、
蚊とり線香など、作業前
に虫よけの準備をします。

日よけのため、
つばの広い帽子
が最適。

麦わら帽子はすぐに
乾くので、水をかけ
てもよいでしょう。

虫よけネット付き
のものもよいです。

服装

暑い日でも、きちんと長袖
を着ましょう。無理をせず、
庭仕事を楽しみましょう。

手ぬぐいは水でぬらして
頭にまいても OK。

暑さ対策

暑いと体力を消耗しますし、
熱中症の危険もあります。
きっちり対策をしましょう。

日よけ、虫よけ、
けが防止のため、
長袖がおすすめ。

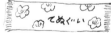

タオル、手ぬぐいは必需品。

汗を吸いとるため、
シャツの下には肌
着などを着用。

作業をはじめる前に
庭へ打ち水をすると、
涼しく過ごせます。

日ざしの強い日は
無理をせず、木陰
や軒下などで作業
をしましょう。

水分、塩分補給

水分、塩分補給は忘れずに。飲み物を
凍らせておくとよいです。梅干しや塩
昆布も塩分補給に効果的ですが、塩分
のとりすぎには注意してください。

Spring-Summer

庭やベランダの日陰に鉢植えを集めます。鉢をいくつかまとめると、乾きにくくなります。

ミニ盆栽や小さな鉢は、たっぷりの水にひたします。

留守中の植物はどうするの？
春から夏
旅行などで家をあけるときに、植物の水やりはどうしていますか？誰にも水やりを頼めないときの簡単な対処法をご紹介します。

大きなビニル袋に鉢をいれ、口元は雨水が入るようにひもや洗濯ばさみでゆるめにしばります。

水の量は、2〜3日なら鉢の底から3cmほど。1週間ぐらいなら5cmほど。夏場はなるべく日陰の涼しいところへおきましょう。

1週間以上なら、鉢の高さの半分くらいまで水をいれます。でかける日数により水の量を加減。

大きめのビニル袋に数鉢。

木陰の草があるところなどに穴を掘り、鉢の1/3〜1/2を埋めこみ、水をたっぷりとあたえます。

スイレン鉢など、水の入った容器の近くにおくのも効果的です。

多肉植物などの鉢は軒下へ集め、保温性が高い発泡スチロールの箱にいれます。1週間くらいは水なしでだいじょうぶ。

小さな鉢は、木箱の底にぬらした砂をしき、軒下へ。

留守中の植物はどうするの？
秋から冬
春や夏ほど気にする必要はなく、数日ならたっぷりと水をあたえておけばだいじょうぶです。

数鉢をビニル袋にいれ、口をゆるめにしばります。冬は植物も生長が遅く、夏ほど水分は蒸発しないので、新聞紙やミズゴケを湿らせていっしょにいれればだいじょうぶ。

大きな鉢植えは、集めてたっぷりと水をあたえれば、1週間ぐらいはだいじょうぶ。

新聞紙やミズゴケ

落ち葉や腐葉土を鉢の周りに集めておくと、保水、保温効果があります。

鉢皿にたっぷりと水をいれておくだけで2〜3日ならだいじょうぶです。

留守中の植物はどうするの？
部屋の中
冬は、2〜3日なら
たっぷり水をあたえておけばだいじょうぶ。
夏は注意が必要です。

観葉植物や多肉植物にとって夏場は半日陰の方がよいので、洗面器などに3〜5cmの水をいれて窓辺におき、レースのカーテンをひきます。

少し高い位置におく。

水を吸い上げやすい、木綿のロープなど。

鉢の中へ埋めこむ。

1ℓぐらいのペットボトルに水をいれ、木綿のロープなどで水を吸い上げて鉢植えに水を送る方法もあります。4号ほどの小さな鉢植えなら1週間ぐらいはだいじょうぶです。

ペットボトルの口にとりつけて少しずつ水をしみこませる道具も市販されています。

排水口をふさいでキッチンの流しに水をはり、植物を並べる方法もあります。

10日間以上の場合は、古タオルなどを風呂桶にしき、底に鉢植えを並べてから、水を5〜6cmはっておくと安心です。風呂に窓がない場合はさけた方がよいでしょう。

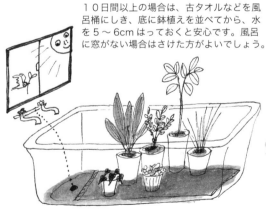

※風呂桶や流しをつかうことに抵抗のある人もいますので、できそうな方法を選んでください。

家に戻ったら、なるべく早く、植物の健康状態をチェックしましょう。

帰ってきたらやること
1. 葉が傷んだり枯れたりしていないか確認する。
2. 土が乾いていたら水をたっぷりあたえる。
3. 土が完全に乾いていたら、水をはったバケツにいれ、しばらく水を吸わせる。
4. 葉がしなびていたら、霧吹きかシャワーで水をあたえる。
5. 軒下などにおいたものは、元の場所へ戻す。

夏

柑橘類を鉢で育てよう

柑橘類の実る庭やベランダは思い浮かべるだけでも幸せな気分。
形が悪かったり、実が小さかったりするかもしれませんが、
自分で育てたものは格別です。

レモン

柑橘類の葉でアゲハの幼虫を見つけることがあります。はじめは鳥の糞みたいですが、脱皮をしてきれいな緑色になります。

指でさわると角をだして威嚇してきます。角からは柑橘系の強い臭いが漂います。

ナツミカン

ミカン

庭で育てた無農薬の柑橘類の
皮は、安心してマーマレード
やお茶につかえますね。

春から夏にかけて柑橘類のある
庭やベランダには、いろいろな
アゲハがとんできます。何種類
とんでくるかな？

チョウは、葉がやわらかな鉢植えに
卵を産むことが多いです。

アゲハの幼虫を育てるなら、
餌用に柑橘類の鉢植えを用
意してもよいですね。

アゲハの家

ベルガモット

ライム

キンカン

苗の種類

苗の種類もいろいろあります。
小さな苗なら春先に、実付きの
苗なら秋頃、店先に並びます。

鉢植えなら、
あまり大きくならず、何種類も育てられます。
移動もできるので、暑さ寒さから植物を守れるし、
早く実を楽しめます。
ほとんどの種類は初夏から秋に実を結び、
晩秋から冬に収穫できます。

棒状に伸びた苗は庭
植えにも向きます。

実付き苗は成熟した株が多
いので実を付けやすく、贈
り物にも向きます。

ポット苗は小
さな鉢植えに。

品種いろいろ

鉢植えで育てやすい品種をいくつか紹介します。実がなったら玄関先に
おいて楽しんだり、よく生長させたいときは日なたに移しましょう。

5cmほどの小さなミカン
はお正月の飾りにしたり、
焼きミカンにして風邪の
予防につかいます。

緑のままつかうライムは
秋に収穫します。

レモン

いろいろな種類があ
りますが、リスボン、
ユーレカなどの寒さ
に強い品種が育てや
すいです。

小ミカン

鉢で育てても
多くの実をつ
けます。初心
者でも上手に
育てられます。

日向夏（ひゅうがなつ）

安定して実るま
で数年かかるの
で、実付きの苗
を購入するのが
おすすめ。果実
はさっぱりした
独特の味です。

ライム

実をつけやすく、
丈夫なタヒチライ
ムがおすすめ。日
あたりのよい、北
風のあたらない場
所を好みます。

植えかえ

新しい根を伸ばすために、用土をかえて植え
かえます。春と秋が作業に好適。1年おきに
鉢から株をとりだし、根を切って形を整え、
大きくしたければ大きな鉢へ、大きさをかえ
たくなければ元の鉢へ植えます。

剪定

3月～4月にこみいった
枝や枯れた枝をとりのぞ
きます。春に伸びた枝に
翌年の実がなるので、夏
に枝を切ると翌年の実が
減ってしまいます。実が
ならなかった年は、こみ
いった枝を間引く程度に
して、株を充実させます。

切る

1/3

切る

枯れた枝

切る

こみいった枝

若木の場合は前年に実
がなった枝の枝先から
1/2～1/3のところで
切ります。

根を切り形を
整えて植える。

根を切る。

肥料

肥料は、春と秋に固形
の油かすと骨粉をあた
えてください。

日なたでなくても

柑橘類は一般に日あたりのよい場所を好みますが、
ユズやキンカンは半日陰でもだいじょうぶ。育て
やすく、おすすめです。

ユズ

キンカン

ハナユズ、カボス、
スダチなどはあま
り大きくならない
うちから実を収穫
できます。

はじめて育てるなら
キンカンがおすすめ。

育てやすく丈夫
な品種。他の柑
橘類より開花が
遅いです。

お茶とジャスミンを育てよう

お茶はツバキ科の低木で、秋に小さな白い花を咲かせます。
丈夫なので鉢植えでも育てられます。
いっしょにジャスミンを育てて茶葉に香りをつければ、ジャスミンティーもつくれます。
ジャスミンにはいろいろな種類がありますが、飲めるのはアラビアジャスミンだけです。

お茶の木は日なたを好みますが、半日陰の場所でも育ちます。

5〜6月頃に伸びたやわらかい新芽をお茶にしましょう。

花が咲いた後に実った種が地面に落ちて、芽がでることも。

お茶の木は白い花を咲かせる種類が多いですが、紅花茶の木というピンクの花を咲かせるものもあります。

紅花茶の木

飲み物や香水、生け花など、いろいろなものに利
用されているジャスミン。さまざまな品種があり、
有毒の品種もあるので、飲用には注意が必要です。

カロライナジャスミン（有毒）

ハゴロモジャスミン

シルクジャスミン

キソケイ

アラビアジャスミン

マダガスカルジャスミン（有毒）

ニオイバンマツリ

お茶の葉は見るだけでとてもさわやかですが、
お茶をつくって飲んでみるのも楽しいです。
ジャスミンを育てて、
ジャスミンティーにも挑戦しましょう。

お茶の種

種からも育てられます
秋に花が咲き、その後に種が実ります。
種が黒く熟したらまきどきです。種が
乾燥してしまうと発芽しにくいので、
すぐにまくとよいです。

お茶の木の手入れ
日あたりを好みますが、半日陰でも育て
られます。水は土が乾いたらたっぷりと。
気温が上がるとチャドクガの幼虫が発生
しやすいので、見つけ次第、手をふれず
に割り箸などでとりのぞきます。

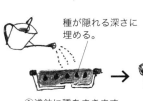

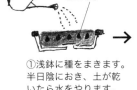

①浅鉢に種をまきます。
半日陰におき、土が乾
いたら水をやります。
芽がでたら、日なたに
移動！

②本葉が4〜5
枚伸びてきたら、
4号ほどの鉢に
植えかえます。

③苗として、1年
ぐらい育てたら、
大きな鉢か庭に植
えましょう。

剪定
新芽が伸びたら茶つみを楽しみましょう。
この作業をおこなうと枝の付け根から、
また新しい芽が伸びてきます。

はさみで切る。

チャドクガ

成虫

幼虫（小）
群れている。

幼虫（中）

幼虫（大）

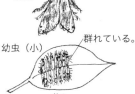

※チャドクガに注意。
幼虫も成虫も毛針に
毒があります。

植えかえ
庭植えでも鉢でも育てられます。

庭植え

鉢でも育て
られるよ！

培養土

鉢底石

鉢底ネット

ジャスミンの木の手入れ
アラビアジャスミンは半つる性ですが、つるを伸ば
さずに育てることができます。花期は6〜9月頃で、
花がひとつ咲くだけでも、とてもよく香ります。

日あたりのいい場所で育て
ます。冬場は軒下にいれて
霜にあわないように。

用土を見て乾いていたら、
水をたっぷりとあたえます。

ジャスミンを挿し木でふやす
初夏に花芽のついていない枝を15cmほど切って培養土にさ
します。2〜3週間で根が伸びてくるので、鉢の下から根が
少し見えたら植えかえます。

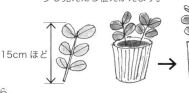
15cmほど

剪定と冬越し
秋になり花がおわっ
たら、枝先から1/3
のところで剪定し、
株を小さくして冬越
しさせます。

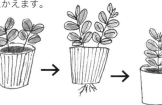
剪定

冬越し

ハゴロモジャスミン

ジャスミンのなかま

ジャスミンといっても、香り、花の色、形もさまざま。好きなジャスミンを見つけましょう。庭でもベランダでも育てられます。

アラビアジャスミン

キソケイ

カロライナ
ジャスミン

名前	特徴	つかい方
アラビアジャスミン（モクセイ科）	花期は6〜9月。白花。落葉低木で香りがよい。	ジャスミンティーにつかわれる。別名茉莉花（マツリカ）。
ハゴロモジャスミン（モクセイ科）	花期は3〜4月。白花。つる性で、花は小さく蕾のときはピンク色。	庭植え、鉢植えどちらでも楽しめる。
シルクジャスミン（ミカン科）	花期は7〜8月。白花。常緑樹でミカンのような香り。秋に赤い実がなる。	花はポプリなどにつかう。別名オレンジジャスミン。ゲッキツともよばれる。
キソケイ（モクセイ科）	花期は4〜5月。黄花。常緑低木。花に香りはないが枝ぶりがよい。	枝ぶりが美しいので、生け花などにつかわれる。
カロライナジャスミン（ゲルセミウム科）	花期は4月。つる性で有毒なので注意！	花を見て楽しむのはよいが、蜜を吸ったりお茶などにしないように！

シルクジャスミン

毒！

自家製のお茶をつくってみよう

緑茶、紅茶、ウーロン茶は同じお茶の葉からつくれます。不発酵なら緑茶、半発酵ならウーロン茶、完全発酵なら紅茶です。ここでは緑茶の簡単なつくり方をご紹介します。

③葉がしんなりしたら、まな板の上にナプキンなどをしいて強くもみます。

②こがさないようにまぜながら中火で3〜5分ほど煎ります。

くり返す

⑤手もみした葉を弱火で煎って乾燥させます。

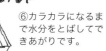

①新芽をつみとります。分量は少なくてもだいじょうぶです。

一芯二葉　　一芯三葉

新芽の先から2枚目までの葉をつみとるのを「一芯二葉」、3枚目までの葉をつむのを「一芯三葉」といいます。つむ葉の枚数が少ないほど高級。

④水気がでてきたら煎ります。少し水分がとんだら、もみます。これを3〜4回くり返します。

自分でつくったお茶は格別です。

⑥カラカラになるまで水分をとばしてできあがりです。

ジャスミンティーを飲もう

自分でつくったお茶にアラビアジャスミンの花を浮かべて、自家製のジャスミンティーを楽しみましょう。朝咲いた新鮮なジャスミンの花はとてもやさしい香りですよ。

ジャスミンティーにはアラビアジャスミンの白い花をつかいます。

お茶をていねいに蒸らしていれて。

朝咲いた花をつみとってカップに浮かべます。

ヒマワリいろいろ

ヒマワリは夏の花の代表。
花の大きさや背丈、色など、とてもたくさんの品種があります。
また、園芸用、食用、家畜やペットの餌用など、用途もさまざまです。

ロシア
油や菓子用の種をとる品種で、花の大きさが30cmと大型。背も高いです。

サンゴールド
八重咲きの花びらが華やかなヒマワリです。よく枝分かれして花期が長い。

ココア
チョコレート色の花は花壇の中でとても目をひき、茎も黒く美しいです。

ムーンシャドウ
白い花びらがとても個性的です。

ゴッホのひまわり
ゴッホの描いたヒマワリに似ているところから名づけられました。

ソニア
オレンジ色の小ぶりな花は、よく枝分かれして花付きもよいです。

サンリッチレモン
明るい黄色の花が咲き、花粉が少なく切り花に向きます。

食用のヒマワリを育てて種をとり、
花ではなくヒマワリナッツをプレ
ゼントするのもおもしろいかも。

タイタン
背丈が4〜5mほど
にもなる大型品種。
葉もとてもりっぱ。

鉢植えで小さく育てることも
できます。好きな品種をいく
つか、まいてみましょう。

大雪山
枝分かれして花を多く咲かせま
す。葉や茎が白い綿毛に覆われ、
雪化粧をしたよう。秋まで長く
咲きます。

ヘリアンサス
ヒマワリのなかま。
丈夫で毎年小さな
花をたくさん咲か
せます。八重咲き
もあります。切り
花にも向きます。

バイカラー
切り花向きで、咲き
進むにつれ、よく枝
分かれします。2色
の花びらが印象的。

フロリスタン
赤と黄色の花びら
がとても明るく元
気なイメージをあ
たえます。よく枝
分かれします。

ヒマワリにはいろいろな品種があり、
ゴッホやモネなど、画家の名前がつけられたものもあります。
ここではヒマワリの基本的な種類と育て方などを紹介します。

八重咲き
（サンゴールド、ゴッホのひまわりなど）
キクのように花びらが重なったものや、大小の
花びらが重なったものなど、いろいろあります。

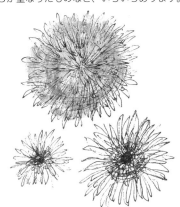

小型の花
（ソニア、大雪山など）
枝分かれしている品種が多く、
15〜20cm の花を咲かせます。

大型の花（ロシアなど）
大きなものは直径 30cm
ぐらいになり、種は油や
菓子用にします。

ヒマワリではないヒマワリ
（サンビタリア）
サンビタリアはヒマワリ
ではありませんが、キク
科でヒマワリを小さくし
たような花を咲かせます。

宿根ヒマワリ（ヘリアンサス）
毎年花を咲かせてくれて手
間いらず。花は小花ですが、
多く咲きます。地下茎やこ
ぼれ種でふえていきます。

スプレー咲き
（大雪山、ココアなど）
1 本の茎から何本も花茎が
伸びています。

ヒマワリの基本的な種類

ミニサイズ（小夏）
手のひらサイズから
プランターで育てら
れるぐらいまでの小
型のもの。種のとれ
ない一代かぎりの品
種が多いです。

姫ヒマワリ　　ヤナギバヒマワリ

種まき

2〜3月にまくときは、
気温が上がる4月はじめ
頃までは室内の窓辺など
で育てましょう。まく時
期を少しずつずらして夏
まで種をまくと、春から
秋まで花を楽しめます。

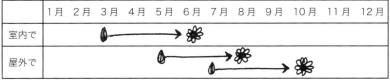

	1月 2月 3月 4月 5月 6月 7月 8月 9月 10月 11月 12月
室内で	
屋外で	

 種をまく時期　　花が咲く時期

1cm くらいの深さに
種をまきます。

土が乾いたらたっぷりと
水をあたえます。

日あたりのよい場所で
育てましょう。

本葉が5〜6枚でたら
庭などに植えかえます。

98

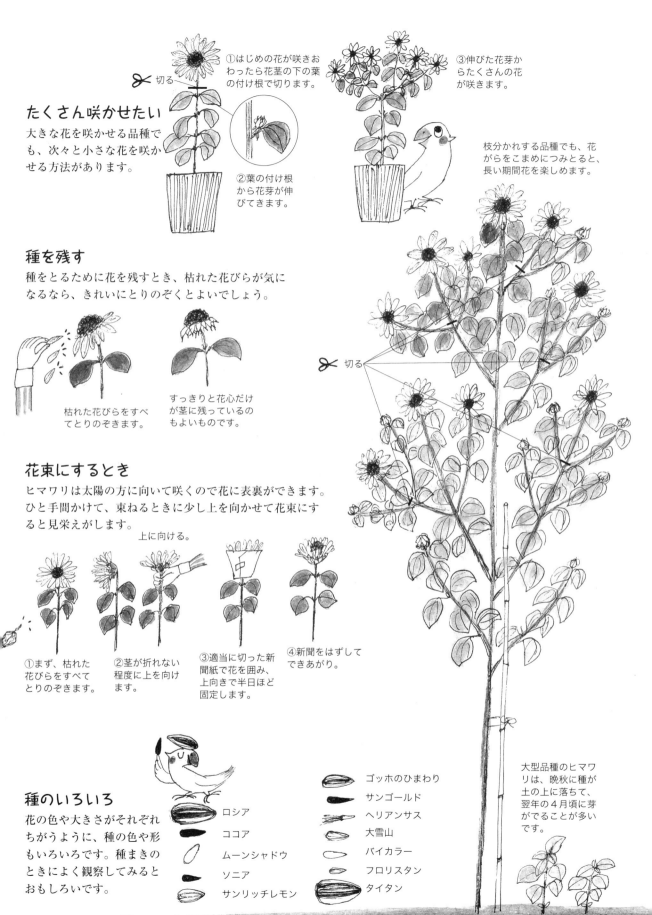

たくさん咲かせたい

大きな花を咲かせる品種でも、次々と小さな花を咲かせる方法があります。

✂ 切る

①はじめの花が咲きおわったら花茎の下の葉の付け根で切ります。

②葉の付け根から花芽が伸びてきます。

③伸びた花芽からたくさんの花が咲きます。

枝分かれする品種でも、花がらをこまめにつみとると、長い期間花を楽しめます。

種を残す

種をとるために花を残すとき、枯れた花びらが気になるなら、きれいにとりのぞくとよいでしょう。

枯れた花びらをすべてとりのぞきます。

すっきりと花心だけが茎に残っているのもよいものです。

花束にするとき

ヒマワリは太陽の方に向いて咲くので花に表裏ができます。ひと手間かけて、束ねるときに少し上を向かせて花束にすると見栄えがします。

上に向ける。

①まず、枯れた花びらをすべてとりのぞきます。

②茎が折れない程度に上を向けます。

③適当に切った新聞紙で花を囲み、上向きで半日ほど固定します。

④新聞をはずしてできあがり。

✂ 切る

大型品種のヒマワリは、晩秋に種が土の上に落ちて、翌年の4月頃に芽がでることが多いです。

種のいろいろ

花の色や大きさがそれぞれちがうように、種の色や形もいろいろです。種まきのときによく観察してみるとおもしろいです。

ロシア
ココア
ムーンシャドウ
ソニア
サンリッチレモン

ゴッホのひまわり
サンゴールド
ヘリアンサス
大雪山
バイカラー
フロリスタン
タイタン

ミモザ

チョコレートネム

カラーリーフを楽しもう

シルバー、ブラウン、白い斑入りなど、
個性的な色の葉を楽しむ植物をカラーリーフプランツとよびます。
もちろん美しい花を咲かせるものもあります。
おなじみの植物の中にもカラーリーフはたくさんあります。

デュランタライム

コリウス
コンボルブルス

フェスツカ
グラウカ

マツ　　ゼラニウム

コリウス　　黒葉イポメア　テラスライム

黒葉スミレ

ヘリクリサム

リシマキア

クローバー

黄金セキショウ

黒葉
ヒイラギ

ディコンドラ

斑入りアジュガ

斑入りスズラン

コクリュウ

ヒューケラ

半日陰や日陰の場所でもよく育つ品種もたくさんあります。斑入りのアジサイや銀葉のギボウシは暗い印象の裏庭も明るくしてくれます。

紅葉スモモ

ユーカリ

スモークツリー

ヒイラギ

オリヅルラン

ユリオプス
デージー

白妙ギク

パープル
ファウンテングラス

斑入り
ガクアジサイ

バコパ

メギ

ギボウシ

スゲ

カンナ

アジュガ

101

バコパ

ヒューケラ

斑入り
品種により模様の入り方はいろいろですが、白や黄色の模様が入っています。とてもさわやかな印象です。

オリヅルラン

マツ

ゼラニウム

黄葉系（きばけい）
ゴールドリーフや黄金リーフとよばれ、華やかで明るい印象。

イポメア テラスライム

リシマキア

スミレ

コクリュウ

デュランタライム

ヒイラギ

葉っぱいろいろ
銀葉、銅葉、斑入り……庭や公園をさがして、葉色の美しい植物を見つけてみましょう。

クローバー

アジュガ

コリウス

黒葉イポメア

斑入りガクアジサイ

植物はつい花に目がいきがちですが、葉だけを見てもたくさんの色と形があり、とても表情豊かです。

黒葉系（くろばけい）
紫に近い黒葉からコクリュウのように真っ黒の葉までさまざま。黒い葉は庭の印象をひきしめてくれます。

ヘリクリサム

プラチーナ

ユーカリ

銅葉スゲ

メギ

ミモザ

白妙ギク

カンナ

チョコレートネム

銀葉系（ぎんばけい）
白っぽく粉をふったような緑の葉や、白い毛の生えたような葉を銀葉とよびます。花が咲いていなくても庭が明るくなります。

ユリオプス デージー

銅葉系（どうばけい）
茶色がかった葉の色を銅葉といいます。花との相性がよく、クラシックな印象を演出してくれます。

ディコンドラ

フェスツカ グラウカ

スモークツリー

鉢植えを楽しむ

葉っぱだけで寄せ植えしても楽しめるのが
カラーリーフのよいところ。いろいろな種
類を組み合わせて楽しみましょう。

フェスツカグラウカ
銀色の針のような葉が特徴。
イネ科。

**イポメア
テラスライム**
イポメアの中でレモ
ンライムのような色
の品種。ヒルガオ科。

プラチーナ
銀色の葉が美しく、初
夏に黄色い小さな花が
咲きます。キク科。

ヒューケラ
多くの品種があり、葉の形、
色もさまざまです。銀色の
葉がとても涼しげ。ユキノ
シタ科。

ヘリクリサム
銀色の葉は毛が生えてい
て動物の耳のよう。春に
咲く小さな花もかわいい
です。キク科。

コクリュウ
初夏に紫色の花を
咲かせます。日陰
に強く丈夫。きれ
いな黒い葉です。
キジカクシ科。

黒葉イポメア
イポメアは葉を楽し
むためのサツマイモ。
その中で黒い葉のも
のをこうよびます。
ヒルガオ科。

銀葉と黄葉をあ
わせると、やわ
らかい雰囲気に
なります。

リシマキア
しだれるように葉
が伸び、初夏に黄
色い花が咲きます。
サクラソウ科。

形と色をさまざま
に組み合わせると、
シックで落ち着い
たイメージになり
ます。

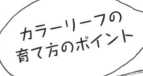

カラーリーフの
育て方のポイント

水やり	半日陰を好む植物は比較的水を好むので、水切れに注意。
場所	日なたから半日陰。
肥料	春と秋に。

日陰でも楽しめる植物

半日陰の花壇でも、色とりどりのカ
ラーリーフを植えれば明るい雰囲気
に。半日陰で育つこれらの植物を植
えてすてきな花壇をつくりましょう。

コリウス

ニューサイラン

コクリュウ

ギボウシ

ヒューケラ

メギ

リシマキア

ヨルガオ（夜顔）

ゲッカビジン
（月下美人）

ハイビスカス

夜の庭──夜に咲く花を楽しもう──

夕方から夜にかけて花を咲かせる植物があります。
熱帯原産など暖かいところで育つ植物が多く、
咲くのは夏。
虫たちを誘うために香りを漂わせる植物も多いです。

オオマツヨイグサ
（大待宵草）

ヤコウボク
（夜香木）

ネムノキ
（合歓の木）

カラスウリ
（烏瓜）

エンジェルストランペット

オシロイバナ
（白粉花）

ハゼラン
（爆蘭）

105

夕方から夜にかけて花を咲かせる植物を紹介します。
気候や地域により開花時刻などは少しずつかわるので、
ここに書いた時間帯は、だいたいの目安です。

ハイビスカス

昼も咲いているハイビス
カスですが、夜に開花し
はじめて、翌日の夜には
しぼんでしまいます。

気温が高い夏に挿
し木でふやせます。

ハゼラン（爆蘭）

ハゼランは三時草ともよばれ、午後3時頃から
開花し、夜には閉じます。この花を見かけたら
「そろそろ夕方だな」とわかります。

オオマツヨイグサ（大待宵草）

土手や空き地、道ばたなど
で、きれいな花を咲かせま
す。夕方5〜6時頃に開花
して朝にはしぼみます。

夜に閉じちゃう花や、
朝まで咲く花など、
いろいろあるよ！
開花時刻は
気候の影響も
うけるんだ。

午後の時計

PM

12

9   3

6

ハイビスカス、夜香木
カラスウリ、月下美人
ドラゴンフルーツ
エンジェルス
トランペット

オオマツヨイグサ
オシロイバナ
ハゼラン
ネムノキ
ヨルガオ

咲きはじめる時刻は
あくまでも目安です。

オシロイバナ（白粉花）

道ばたに咲いている
ことも多く、まだ明
るい午後3〜4時頃
から開花し、翌朝ま
で咲きます。

ゲッカビジン（月下美人）

夕方6時頃から華やかな花を咲かせ甘い
よい香りがします。蕾も大きく、ゆっく
りと花をひらき、翌朝にはしぼみます。
気温が低い方がゆっくりと咲きます。

ヤコウボク（夜香木）

星形の小さな花が房状にたくさん咲き、
ナイトジャスミンともいわれます。夜8
時頃から咲きはじめ朝になると花を閉じ、
これを何日かくり返します。ナス科で、
ナスに似た白い実がなります。

大株に育つので、
7号ぐらいの鉢に
培養土をいれて植
えます。

苗から育てると、花が
咲いたときに、とても
うれしいです。

コップにひと枝さしておくだけ
で、香りがやさしく漂います。
花は流れ星のよう。

あんどん仕立ての
鉢もすてきです。

サマーチョコレート（ネム）

ネムノキの色がわりで銅葉ネムともよばれます。葉がきれいな茶色になり、庭やベランダのアクセントに。花はピンクでネムノキと同じで、夕方咲いて午前中にはしぼみます。

ネムノキ（合歓の木）

夜に葉をぱたんと閉じることから、この名前がつきました。フルーツのような甘い香りの花で、夕方から開花して翌午前中にはしぼんでしまいます。大株にならないと花が咲きづらいです。シロバナネムノキやヒネムは、カリアンドラという別の植物です。

ヒネム（カリアンドラ）

赤い花が花火のように美しい。小型の品種で、小さな鉢でもたくさん花を咲かせます。朝咲いて、夕方にはしぼむ一日花です。

シロバナネムノキ（カリアンドラ）

若木でも白い花が咲き、盆栽などの小さな鉢でも簡単に育てられます。夕方から咲いて、翌朝、日がでるとしぼみます。

エンジェルストランペット

夜になると下向きにラッパをつり下げたような花をたくさん咲かせます。甘い香りです。

落葉低木なので、気温が下がる秋には葉を落として休眠に入ります。

落葉したら秋に強く切り戻します。枝先から1/3ほどを切ります。

てぶくろをしましょう

大株に育つので鉢植えなら12号以上の大きな鉢に植え付けます。

関東地方以南では、霜よけのビニルなどをかければ地植えでも越冬します。

花にも葉にも毒があるので、樹液が目や傷口に入らないようにし、作業後はよく手を洗いましょう。

カラスウリ（烏瓜）

野山や空き地で見かけられ、秋に赤やオレンジ色の美しい実がなります。宿根草ですが、春に種まきをして鉢で育ててもよいです。

花は白く糸のようなものが広がっていて、独特の印象です。夕方に咲きはじめますが、雌花は翌朝、日の出前にしぼみ、雄花は数日咲きます。

カラスウリの実。

実

実の中にある、打ち出の小槌のような形の種。

種

バラの夏剪定と夏越し

バラが暑さに負けて弱ってしまうことの多い季節です。
葉の色が悪くなったり、
虫害で葉がぼろぼろになったりすることもありますが、
手をかけてやると、秋にはまた元気になります。

四季咲き性のバラ

ツユクサ

一季咲き性のつるバラ

一季咲き性のバラ

カヤツリグサ

スベリヒユ

オオバコ

109

剪定には、12月～2月におこなう冬剪定と、
8月下旬～9月上旬におこなう夏剪定があります。
冬は大きく切る強剪定、夏は少しだけ切る弱剪定をします。
春から晩秋まで咲く四季咲きや春だけ咲く一季咲きのバラ、木立性やつる性のバラなど、
咲き方によって剪定のし方も少しずつちがいます。

どこで切ればいいの？

バラの葉は先端から3枚葉、
5枚葉、7枚葉という順番
で枝についています。元気
に伸び、花芽のつく可能性
が高いので、5枚葉の上で
切ります。

―切る

5枚葉の上（A,B,C の位置）
で切ります。

3枚葉、5枚葉、7枚葉とは？

葉が3枚ついて
いるのが3枚葉。

葉が5枚ついて
いるのが5枚葉。

葉が7枚ついて
いるのが7枚葉。

どのくらい切ればいいの？

剪定する5枚葉の付け根から、花芽に
なる可能性のある新芽が伸びてきます。
上手に育つかどうか切り方が決め手に
なります。

夏剪定のポイント

枯れた枝、折れた枝、こみいった枝をとりのぞき、ひと枝ずつ2/3
ぐらい残して剪定します。病虫害で弱っている株は、花がらつみを
するぐらいにして、無理に剪定しなくてもよいでしょう。四季咲き
のバラは夏剪定が大切です。

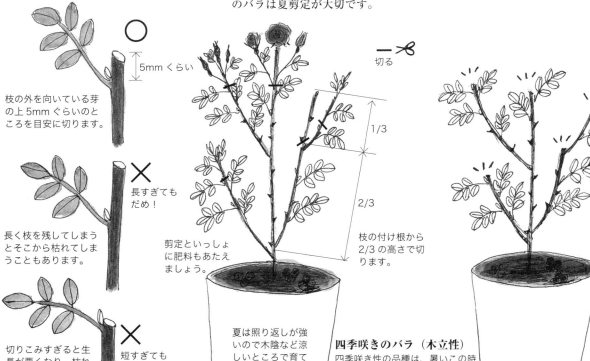

○

5mm くらい

枝の外を向いている芽
の上 5mm ぐらいのと
ころを目安に切ります。

×
長すぎても
だめ！

長く枝を残してしまう
とそこから枯れてしま
うこともあります。

×
短すぎても
だめ！

切りこみすぎると生
長が悪くなり、枯れ
てしまうことも。

剪定といっしょ
に肥料もあたえ
ましょう。

―切る

1/3

2/3

枝の付け根か
ら 2/3 の高さで切
ります。

夏は照り返しが強
いので木陰など涼
しいところで育て
ましょう。

四季咲きのバラ（木立性）

四季咲き性の品種は、暑いこの時
期に剪定し、花を咲かせずに休ま
せると、だいたい剪定後50日ぐ
らいで花が咲きます。

まずはじめに、どのバラも
まず枯れている枝や折れて
いる枝を切りましょう。

枯れた枝

✂ ━
切る

枝先を２、３節切る。
（５枚葉の上で）

伸びすぎた枝

枯れた枝

暑さで弱っている
場合は、なるべく
葉を多く残します。
枯れた枝などは切
ります。

一季咲きや、つる性のバラは
どう剪定すればいいの？

春にだけ花を咲かせる一季咲きの品
種は、花がらつみをして、伸びすぎ
た枝を切るぐらいにしましょう。

ノイバラ（つる性）
実を楽しむバラは、特に
弱っていなければ、花が
らつみをせずに実をつけ
たままにしましょう。秋
に赤く色づきます。勢い
よく伸びすぎた枝先を適
度な長さに切ります。

一季咲きのバラ（木立性）
花がらつみをした後に新芽が伸びてくる場合
があります。風とおしが悪いようなら、再度
５枚葉の上で切ります。

四季咲きのバラ（つる性）
つる性で四季咲きのバラの剪定
は、木立性で四季咲きのバラと
同じです。

肥料について
四季咲きの場合、花がらつみの後に
油かすや骨粉などの肥料をあたえる
と秋に元気よく花が咲きます。一季
咲きのものにも肥料をあたえます。
気温が高い夏はやりすぎに注意。

病虫害について
予防と早期発見が基本。見つけたらすぐに虫をとり
のぞき、風とおしをよくして病気を防ぎましょう。
それでもだめなときは、くわしい人や園芸店にきい
て、適切な量の薬をあたえます。

チュウレンジハバチ
幼虫は、バラの葉を集団
で食べてしまうので要注
意です。おしりを立てて
いることが多いので目印
になります。

幼虫

成虫

成虫はお腹が
オレンジ色。

葉がぼろぼろでも
暑さや病虫害で葉に元
気がないときは、光合
成のため、傷んだ葉も
残します。見苦しくて
も、がまんしましょう。

植物の気持ちになって
夏の暑さで、調子があまりよくないのは人
も植物も同じです。何かあったときに植物
の立場になって考えてあげると、自然に答
えが見つかります。

夏のベランダの楽しみ ―朝―

休日の朝、少し早起きをしてベランダで過ごすと、
さわやかな気分になります。
ちょっとくふうをすれば、暑い夏も楽しく過ごせます。

ベランダでミニトマトやバジル、
パセリなどの夏野菜を育て、朝ご
はんのサラダにいれてみては？

ゴーヤやキュウリ
は、緑のカーテン
として日よけにも
なります。

朝の水やりは
とても気もち
がよいもの。

ベランダが広ければ、
朝ごはんをベランダで
いただくと、何だか特
別な気分になります。

夏のベランダの楽しみ ―昼―

暑い夏の日中、
炎天下のベランダにはでたくありませんが、
日陰をつくれば、その下で楽しめます。

日よけ（タープ）をとりつけると、
過ごしやすくなります。

暑さに弱い植物は１カ所
にまとめて、よしずやす
だれで日陰をつくるとよ
いでしょう。

冷房の効いた部屋で１日
過ごすより、「暑い暑い」
といいながら、冷たい飲
みものを飲んだり、スイ
カを食べたりして、夏を
楽しみましょう。

たらいに水をはって、
足だけでも水にふれ
ると、なぜか楽しい
気分です。

暑さでしおれてきた植物
は鉢ごと水の入ったバケ
ツにつけてやりましょう。

夕暮れどきに
打ち水をしておくと
少し涼しく
なります。

ベランダにゴザを
しき、ゴロンとね
ころんで星空を見
上げれば、でかけ
なくても、ちょっ
とアウトドア気分。

そのまま
ねちゃうと
風邪ひくわよ。

夏のベランダの楽しみ ―夜―

少し涼しい夜には、ベランダで冷たい飲み物を飲みながら、
大切に育てた月下美人が咲くのをゆっくりとまつのもいいかもしれません。
甘くやさしい上品な香りがします。

秋

秋のはじめに咲く草花

真夏の暑さがすぎた頃に咲きはじめる花があります。
秋に植え付ける花が咲くまでの間、
可憐な姿でわたしたちを楽しませてくれる草花を紹介します。

ヒャクニチソウ

腐葉土

エフデギク

ゴシキトウナ

コスモス

ブッドレア

ケイトウ

ベゴニア

センニチコウ

ヤブラン

晩秋まで咲く元気のよい草花を選びました。
どの花も長く咲く頼もしい草花です。
花色や形もいろいろあるので、
庭やベランダに合うものを選びましょう。

 花期

🪴 苗の植え付け時期

💧 種まきの時期

ヒャクニチソウ

キク科の一年草。夏から秋のおわりまで約百日間も咲くので、この名がついています。秋の色あせた花色もすてきです。

🌸 8～11月
🪴 8～10月
💧 5～7月

ヤブラン

キジカクシ科の多年草。日陰でも丈夫に育ち、花、葉、実を楽しむことができます。斑入りの葉の品種はとても涼しげな印象です。

🌸 9～10月
（実がなるのは11月）
🪴 真夏と真冬以外

ゴシキトウガラシ

ナス科の一年草。赤、オレンジ、黄色などカラフルな実をたくさんつけます。食用ではありませんがとても辛いので注意しましょう。

🌸 6～8月
（実がなるのは8～11月）
🪴 9～10月

エフデギク
（カカリア）

キク科の一年草。タンポポのように綿毛の生えた種が、風に乗ってとびます。絵筆に絵の具をちょっとつけたようなかわいらしい花が咲きます。

🌸 6～11月
💧 5～6月

ベゴニア

シュウカイドウ科の多年草。日陰でもたくさん花を咲かせます。日陰の庭の強い味方。

🌸 真夏と真冬以外
🪴 真夏と真冬以外

※開花時期などは目安です。地域によってかなりかわります。

ブッドレア

ゴマノハグサ科の落葉低木。暑さに強く夏の日ざしをうけてたくさんの花を咲かせます。この花が庭にあるといろいろなチョウが蜜を吸いにきてくれます。

🌸 7〜11月
🪴 真夏と真冬以外

ケイトウ

ヒユ科の一年草。鶏のトサカのような花からこの名がつきました。一度植えると種がこぼれて毎年芽がでて花を咲かせます。

🌸 9〜11月
🪴 9〜10月
💧 5〜7月

コスモス

キク科の一年草。秋の花の代表。ピンク、赤、白色が一般的ですが、黄色や八重咲きのものもあります。種から育てると、とても背が高くなります。

🌸 8〜11月
🪴 9〜10月
💧 5〜7月

センニチコウ

ヒユ科の一年草。夏の暑い時期から秋まで、さらには刈りとられてドライフラワーになってからもずっと鮮やかな赤い色なのでこの名がつきました。

🌸 9〜11月
🪴 9〜10月

庭仕事のなかまたち

庭にはたくさんの動物や植物が生活しています。
その中には害虫を食べてくれる動物や
病気にかかりにくくしてくれる植物などがあります。
庭仕事のなかまたちを紹介しましょう。

ヤモリ

ウメ

ミミズ

ヒガンバナ

カマキリ

リュウノヒゲ

カモミール

ヒラタアブ

マリーゴールド

ナスタチウム

バラ

クモ

トカゲ

ニンニク

カエル

121

※これらの植物が咲く時期はそれぞれ異なります。

リュウノヒゲ
ウメの根元に植えると
病虫害から守ってくれ
て雑草が生えにくくな
ります。また、実が落
ちにくくなります。

身代わりになって虫をひきつけてくれたり、根からでる成分で病虫害を防いでくれたりするなど、
いっしょに植えると元気になる植物をコンパニオンプランツとよびます。
効能が科学的に解明されていないものもあり、
完全に病気などを防げるわけではありませんが、穏やかな効果はあるといわれています。
代表的なコンパニオンプランツを紹介します。

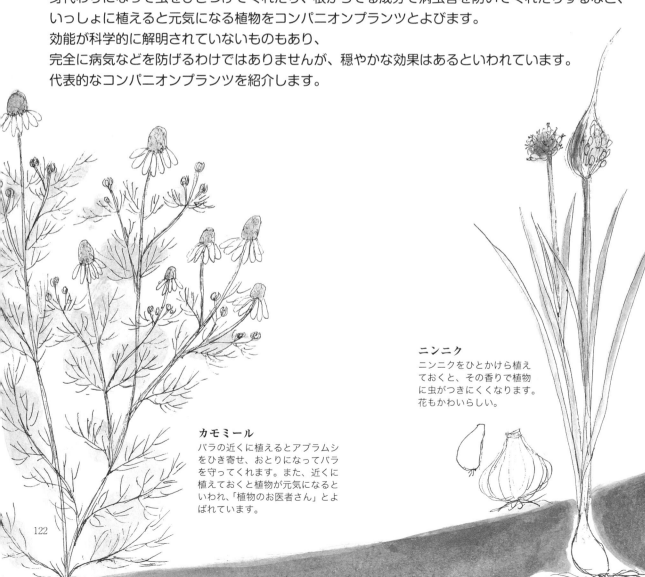

ニンニク
ニンニクをひとかけら植え
ておくと、その香りで植物
に虫がつきにくくなります。
花もかわいらしい。

カモミール
バラの近くに植えるとアブラムシ
をひき寄せ、おとりになってバラ
を守ってくれます。また、近くに
植えておくと植物が元気になると
いわれ、「植物のお医者さん」とよ
ばれています。

ナスタチウム（キンレンカ）
花は美しく、サラダなどにして食べられます。アブラムシを防ぐ効果があります。

ナスタチウムの香りは苦手だよ〜

ヒガンバナ
ヒガンバナに含まれる毒が害虫を遠ざけます。

テントウムシ
ナミテントウやナナホシテントウは、植物につくアブラムシを食べてくれます。

テントウムシに食べられちゃう！

テントウムシ（成虫）

テントウムシ（幼虫）

マリーゴールド
根からでる成分が、土の中にいるセンチュウという生きものから植物を守ってくれます。

カマキリ、クモ
庭の虫を食べてくれる庭のハンターです。

クモ

ハチ

チョウ

アブラムシ

ハチ、チョウ
花の受粉を手伝います。

カマキリ

庭に集まる小さな生きものたちも
役に立っています。
見つけたらそっと見守ってあげましょう。

ヤモリ

トカゲ

ヤモリ、トカゲ、カエル
ヤモリ、トカゲ、カエルなども虫を食べてくれる強い味方です。

ぼくの糞は、肥料になるよ。

ミミズ

カエル

マリーゴールドは苦手！

ミミズ
ミミズの糞はとてもよい肥料になります。また、土の中を這いまわるので、土を耕す役目も担っています。

センチュウ

123

秋の七草を楽しもう

虫の声が響く頃、
秋の草花がきれいに花を咲かせます。
野原や道ばたをよく観察すると、
秋の七草を見つけられます。
身の回りで秋の七草をさがしてみませんか。

ムラサキシキブ

シュウメイギク

フジバカマ

クズ

キキョウ

ナデシコ

白く可憐な花のシュウメイギク、紫の実がきれいな
ムラサキシキブ、細く小さな花が涼しげなミズヒキ
などを、秋の七草といっしょに切り花などで楽しむ
のもよいでしょう。

秋の七草の覚え方は、オミナエシ、ススキ、キキョウ、
ナデシコ、フジバカマ、クズ、ハギの頭文字をつなげて、
"おすきなふくは？"と覚えます。

オミナエシ

ススキ

ハギ

ミズヒキ

125

秋の七草は、春の七草のように、お粥にいれて食べるわけではありません。
その姿を眺めて楽しみます。
大きくなるものが多い秋の七草は、寄せ植えや切り花で楽しみましょう。

ススキ
ススキは大きくなる
ので切り花にして、
お月見に合わせると
すてきですね。

クズ
花もきれいで、葛湯や漢
方につかわれる大切な植
物ですが、庭で育てるに
は大きくなりすぎるので、
一輪挿しなどで楽しみま
しょう。

　　　　　※野山の草花を採集するときは、土地の所有者や管理者の許可を得ましょう。

オミナエシ
黄色い小さな花を咲かせます。ベニシジミなどのチョウが蜜を吸いにきます。

ハギ
小さな品種もあるので寄せ植えにも向いています。

フジバカマ
葉、花を乾燥させるとサクラの香りがします。

キキョウ
紫、白、ピンクと花色もいくつかあり鉢植えでもよく育ちます。

ナデシコ
さまざまな品種があり、花の香りも心地よいです。

秋の七草の寄せ植え
背丈が高い野山の植物ではなく、園芸店などで売られている小ぶりの苗を寄せ植えすると、まるで小さな野山みたいですよ。ススキは小型のヤクシマススキが鉢植えに向きます。

支柱をつくろう

植物を育てていると、
伸びすぎたり広がりすぎたりするので、
支柱が必要なことがよくあります。
樹木を剪定した枝をとっておくと、
支柱につかえて便利です。

128

折れた枝を拾ったり、剪定した木の枝をいただいたり
して支柱にしてもよいですね。植木屋さんの仕事の合
間に声をかけて、分けてもらいましょう。

129

きれいな形の枝は支柱にしても美しいものです。
植物の種類によって枝の表情もさまざまなので、
それぞれの植物に合った枝を選んで支柱にしましょう。

切る

剪定したての枝はやわら
かいので、ひもで束ねて
おくと、少し曲がった枝
でもまっすぐになります。
束ねると収納も楽です。

小枝がたくさん
ついた枝をそのま
まま支柱にする
と見た目もすて
きです。

小枝を切って
中心の枝を支
柱にします。

果樹や野菜など重みの
ある植物をしっかり固
定するときは、市販の
竹や人工の支柱をつか
うとよいでしょう。

茎の細い草花や球根植物は
細い小枝のついた枝で支柱
をするとよいでしょう。

支柱

支柱の形いろいろ

支える植物によって支柱の形も
いろいろあります。

ピラミッド型
3本を上で1カ所にま
とめ、ひもで結びます。
さまざまな植物に。

あんどん型
アサガオなど、つる性植物の
鉢植えに。

交差組み型
つる性植物を大きく育てるときに。
竹や枝を交差させて、ひもで結ん
でつくります。

合掌組み型
両わきに支柱2本
を交差させて結ん
だものを立て、横
棒を渡して結びま
す。実がつく野菜
などを、しっかり
と支えるときに。

支柱のさし方
しっかりと土の中に入っている
ことが大切です。一度さしたと
ころにさし直すとぐらつくので、
失敗したときには、別の場所へ。

ひもの結び方
茎や枝が生長するこ
とも考え、ゆとりを
もたせて8の字に結
ぶとよいでしょう。
やわらかい草花には
麻ひもなど、長もち
させたいときにはビ
ニタイなどをつかい
ます。

麻ひも　　ビニタイ

支柱の保管
枝の支柱をすぐにつ
かわないときは、大
きめの花器などに束
ねておくと、庭やベ
ランダのアクセント
になり、すてきです。

マルチング用
の落ち葉

※ビニタイ：ビニルのひもに細い針金が入ったもの。

クリスマスローズの
植えかえと育て方

木の下などでひっそりと咲いているクリスマスローズ。
早咲きの品種や背の高くなる木立性の品種、
原種系の小さなものなど、さまざまな品種があります。

フェチダス
（木立性）

シングルピコティ
（原種系）

ブルーブラック

ピンク
フロスト

ニゲル
（早咲き）

大株の下からは、こぼれ種で
たくさんの芽がでてきます。

135

クリスマスローズは早春から咲きはじめる品種が多く、
丈夫で半日陰になるところでもよく育つため、
人気があります。
春にたくさん花を咲かせたら、
秋になってから葉の下をそっと見てみましょう。
かわいい苗が見つかりますよ。

花の断面

がく片　雌しべ　雄しべ

蜜腺
（花びらが変化したもの）

子房

花びらに見えるのは、花では
なく「がく片」とよばれる部分。
がく片の色はだんだんあせて
いきますが、形は残ります。

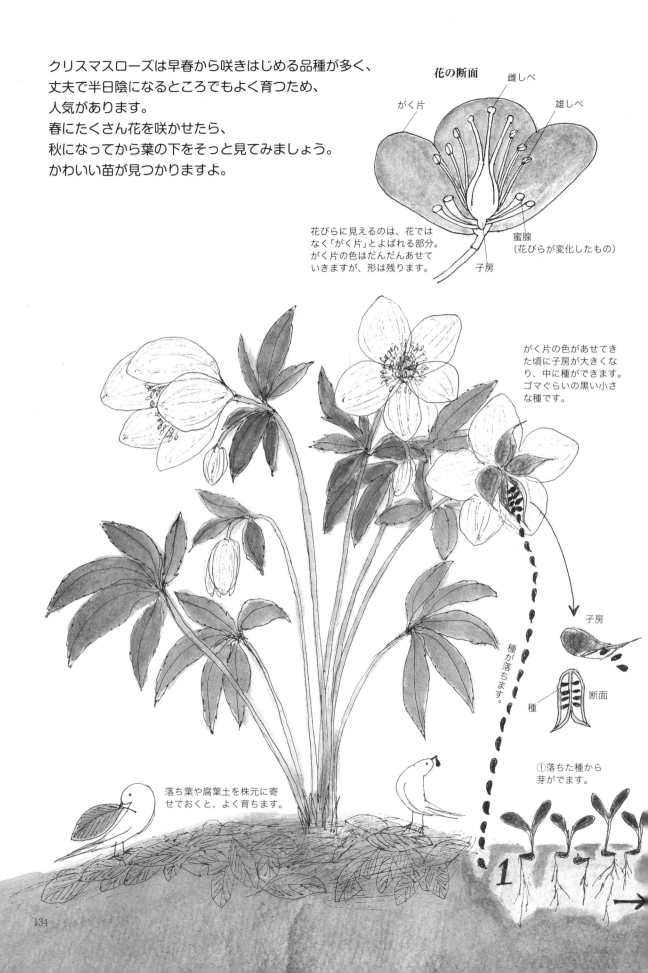

がく片の色があせてき
た頃に子房が大きくな
り、中に種ができます。
ゴマぐらいの黒い小さ
な種です。

子房

種

断面

種が落ちます。

①落ちた種から
芽がでます。

落ち葉や腐葉土を株元に寄
せておくと、よく育ちます。

1

植えかえ

秋の涼しくなった頃に。大きく育てたい
なら大きな鉢へ。大きさをかえたくない
なら、根を切って土を新しくいれかえ、
元の鉢に植え戻します。

①鉢からとり
だします。

②根を全体の
1/3 ほど切り、
ほぐします。

③培養土に肥料も加
えて植えかえます。

油かす、
骨粉

④植えかえた後に、
古い葉や傷んだ葉
を切ります。

株分け

庭植えも鉢植えも株分けでふやせます。
あまり花が咲かなくなった大株も、株分
けするとよく咲くようになります。

①株の周りを少し大
きく掘りあげます。

②根の下から
はさみをいれ、
葉を5、6枚
つけた株に小
分けします。

③根をほぐします。

④しっかりと
植えこみます。

庭に植えて4〜5年たつと、みごとな大株になります。

こぼれ種の楽しみ

花期をすぎると種が株元に落ち、秋になると芽をだします。
親株の葉の下を見ると小さな苗が見つかります。親株とは
ちがう花色の花が咲くのもこぼれ種の楽しみのひとつです。

⑥数年後にはりっぱな
苗に。どんな花が咲く
のでしょう？

③小さな本葉
はもう一人前。

④⑤本葉が4〜5枚伸びたら
ポットに植えかえます。

②濃い緑色
の双葉です。

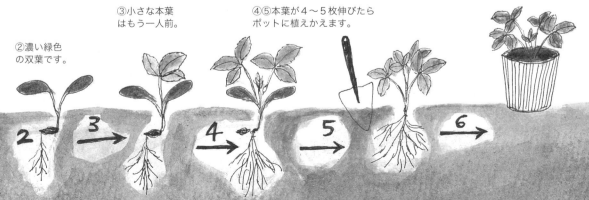

園芸店や
ガーデンセンターに
いってみよう

さまざまな植物が並ぶガーデンセンター。
個性的な植物が見つかるこだわりの園芸店。
自宅の庭やベランダとはひと味ちがった楽しみが
お店にはあります。
お気に入りのお店はありますか？

週末はとてもに
ぎやかですが、
平日は人も少な
く、じっくりと
見られます。

かごの中に並べてみる
と、寄せ植えするとき
のイメージがわきます。

garden

ガーデンセンターの温室には熱帯の植物などがあります。屋外には季節の植物、店内には、はさみ、ジョウロなどの道具や肥料、種などを並べることが多いです。

花の並べ方や寄せ植えの見本など、庭づくりのヒントがあちらこちらにあります。

137

ベランダや庭に植える植物を、
図鑑やカタログを見ながら考えるのもよいですが、
園芸店やガーデンセンターにいって実物を見ると、
イメージがふくらみます。

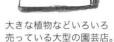

あらかじめ買うものが
決まっているときには、
メモをしましょう。

園芸店の種類
たくさんの種類の植物がおいてある大型店や、
得意な植物に絞った専門店など、いろいろあ
ります。特色のある店なら、少し遠くても足
を運びたくなりますね。

大きな植物などいろいろ
売っている大型の園芸店。

園芸専門の少し大きなお店。

小さなお花屋さんの中の
園芸コーナー。

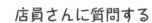

店員さんに質問する
花の手入れや水やりなど、店員さん
は大忙しです。特に朝は忙しいこと
も多いので、様子を見てひと声かけ
てから質問しましょう。

こんな植物
はじめて
みたよ！

植物の育て方、病気のことなど、
何でもきいてみましょう。

気になる植物を見つけたら、
育てやすいかどうかきいて
おきましょう。植物の種類、
性質、原産地などをきいて
おくと、育てるヒントにな
ります。

病気や虫害の相談をする
ときは、病気の葉や虫の
写真や実物をもっていき
ましょう。

いろいろな人と
作業をするのは
楽しいものです。

苗を選んでみよう！

植物の種類が決まったら、元気のよい苗を選びましょう。また、寄せ植えにするのか、庭植えにするのかなど、用途に合わせて大きさを選びましょう。

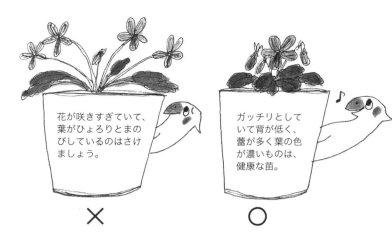

花が咲きすぎていて、葉がひょろりとまのびしているのはさけましょう。

ガッチリとしていて背が低く、蕾が多く葉の色が濃いものは、健康な苗。

×　　　○

たくさんの苗がありますが、同じ品種でもひとつひとつ形がちがいます。

寄せ植えにするなら小ぶりな苗を、庭植えなら大きな苗を選ぶとよいです。

花がおわった苗などは、店のすみにセール品としておいてあることも。宿根草など、手入れをすれば楽しめるものもあるので、来年の花を楽しみに育てるのもよいですね。

sale

ワークショップに参加してみよう

店によっては、寄せ植えや盆栽づくりなどの体験コーナーやワークショップなどを定期的にひらくところもあります。

ワークショップに参加して、今まで興味のなかった植物が好きになることも。

季節を先どりした苗が店頭に並ぶので、季節の訪れを早めに感じられて、わくわくします。

もう春だね！

お隣の庭も楽しもう

自分の庭が広くなくても、
お隣の庭を借景として楽しめます。
大きく育つ木は借景で十分ですし、
お隣との境に植えた生け垣などは、
どちらの家からも楽しめます。

大きな木は借景で
花は美しいのですがミモザやサクラ、
ケヤキなどはとても大きくなります。
お隣の木を眺めて楽しむぐらいが
ちょうどいいかもしれません。

ジャスミンも
いい香りだね。

フェンスの上で花を
咲かせるジャスミン。

見て！
黄色のミモザ
きれい！

ほんとだ！

とても大きくなる
ミモザの木。

境界の植物
お隣のフェンスや生け垣で咲いている
花も楽しませてもらいましょう。

お隣さんへの気遣い

庭の植物が生長するのはうれしいですが、
お隣へ枝が伸びたり
葉っぱが落ちたりするのは困りもの。
お隣さんへのちょっとした気遣いで、
気もちよく過ごしてもらえるかもしれません。

「はいどうぞ！
ミモザを少しおすそ分け。
花がおわったら
すっきり剪定するわね！」

お隣との境界に注意！

庭の境界にフェンスや生け垣を新しくつくるときは、まずお隣に話をしましょう。お隣が先に植物を植えているときは、よく相談をした方がよいです。

「まあうれしい！
うちの生け垣も
これからきれいに切るわ」

気になることは早めに声かけ

たとえば、庭に大きな木があるなら、
「うちの木、じゃまになってない？」
と早めにひと声かけましょう。お互いに声をかけ合えば、植物を育てる楽しさも分かち合えます。

ポプラ
雌雄異株です。

イチョウ
実のなる雌の木と、ならない雄の木があります。

スズカケノキ
一見、ポプラに似ていますが、葉の形や秋になる実でちがいがわかります。

クスノキ
防虫剤の香りが葉にあります。枝が折れやすいので木のぼりは危険です。

サクラ
植えて3年目ぐらいからぐんと大きくなります。

大きくなりすぎる樹木

庭に植えると大きくなりすぎ、
困ってしまう樹木もあります。
街路樹や公園に植えてある樹木などを
育てたいときは、鉢植えで育てましょう。

タケとササ
根がどんどん広がり、お隣の庭に侵入するので注意しましょう。

ケヤキとエノキ
どうしても育てたいなら盆栽がおすすめ。紅葉などの四季を楽しむことも。

こんなに大きくなるの？

ユーカリ
すっとする香りで、切り花にもつかえる人気の木です。広い庭なら庭植えもよいかも。

ビワ
種が大きく簡単に芽がでますが、背が高くなると実がとれないので、剪定して、低く育てましょう。

キョウチクトウ
高速道路などに植えてあり、丈夫で花もきれいですが、強い毒性があるので、ぜったい口にしないこと。

カキ
よく発芽するので、うっかりまかないように。広い庭なら実も楽しめます。

どんぐりなど
どんぐりも、庭に植えると大きくなります。

春まで咲く花と球根植物

夏の花が咲きおわったら、秋から来年の春にかけて咲く花を植えましょう。
寒くても元気のよい一年草を中心に球根植物も合わせて植え付けると、
春の花壇が華やかになるでしょう。

赤玉土や腐葉土、堆肥などを
花壇にすきこむと、土が元気
になります。

植物が生長した姿や
花壇全体の配色をイ
メージしながら、植
えこみます。

キンセンカ

スミレ

コクリュウ

プリムラ

ビオラ

ストック

デージー

ムスカリやスノードロップなどの小さな球根は、手前に植えましょう。また、名札や小石で目印をつけておきましょう。

木の根元には、半日陰でも育つガーデンシクラメンやスイセンを植え付けましょう。

寒さや乾燥から植物を守るために、腐葉土や落ち葉でマルチングをします。

ガーデンシクラメン

ワスレナグサ

ビオラ

プリムラ

パンジー

背の高いチューリップやスイセンなどは奥に植え、背の低いパンジーやビオラなどは手前に植え付けるとよいですね。

キンセンカ

ノースポール

秋から春まで咲く草花は、丈夫でたくさん花を咲かせるものが多く、
ちょっとしたこつで、さらに長く楽しめます。

草花を長く咲かせるポイント

お手入れする際の３つのこつです。
なれれば、とっても簡単です。

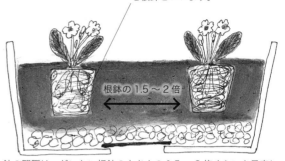

植物を掘りだしたり、鉢から抜きだしたり
したときに、土と根が固まりとなったもの
を根鉢といいます。

1. 植える間隔をあけましょう

一年草は上手に育てると２〜３倍の大きさに生
長します。庭植えでも鉢植えでも、大きくなる
ことを考え、余裕をもって植え付けましょう。
少しさびしいかな？　と思うくらいが、ちょう
どよいのです。

根鉢の 1.5 〜 2 倍

鉢の間隔は、だいたい根鉢の大きさの 1.5 〜 2 倍くらいを目安に。

2. 花がらつみをこまめに

咲きおわった花は、種ができないうちにつみとります。花がらつみをこまめ
にすると、次の花がよく咲き、病気の予防にもなります。種を収穫するときは、
つみとらずに花の季節のおわりまでまちます。

花がらつみって
それぞれ
ちがうんだ！

花茎の根元で切る！

上に花が咲くも
のは花茎の根元
で切る。

花茎の途中で切らない！

花茎の途中で切って
はいけません。

最後に茎の根元で切る！

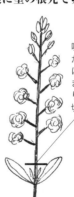

咲き方によりつみ方も
かわります。下から上
に咲いていく花は、咲
きおわった順につみと
り、最後に茎の根元で
切ります。

3. 追肥で元気に

花がたくさん咲いてきたときにも肥料をあたえると、
さらによく咲きます。この肥料のあたえ方を追肥と
いいます。

追肥には、水に溶けてすぐに効く
液体肥料がよいでしょう。

スノードロップ
早春の一番乗り。
雪の合間から咲
きます。

クロッカス
1個の球根から
2〜3の花を咲
かせます。

ムスカリ
色も形もさまざま。
たくさん分球して
ふえます。

プリムラ
宿根草。豊富な花色で株の中心にたくさんの蕾がつきます。黄色は香りがよい。

デージー
一年草。白、赤、桃の花色があり、背が低くかわいらしい。

ビオラ
一年草。パンジーと同じように育てられますが、ビオラは花数が多い。

パンジー
一年草。ビオラと同じように育てられますが、パンジーの方が大きく華やかな花です。

ガーデンシクラメン
宿根草。小さなシクラメン。種がとんで芽がでることも。

おすすめの育てやすい草花

秋植えの植物の中で、育てやすく丈夫なものをいくつかご紹介します。

ストック
一年草。香りがよく、花壇のポイントに。

キンセンカ
一年草。オレンジと黄色の花は花壇を元気なイメージに。

アリッサム
一年草。小さな花は春の香り。這い性なのでハンギングバスケットにも。

ノースポール
一年草。半日陰でもとてもよく咲きます。大きく育ちます。

秋植えの球根

球根の花は春らしさのポイントに。花が順番に咲いてゆくように球根を植えると、春までのカレンダーのようです。一年草などと合わせて植えましょう。

ヒアシンス
グリーンノートとよばれる若葉のようにさわやかな香り。水栽培にも向きます。

フリージア
花色はたくさんありますが、黄色はやさしい春の香り。

チューリップ
花色、形もさまざま。アクセントに。

ニホンスイセン
早咲きのニホンスイセンは1月頃から花を咲かせます。

ラッパスイセン
遅咲きの多いラッパスイセンは4月半ばぐらいまで花を咲かせます。

147

小さな紅葉の楽しみ方

秋が深まると、落葉樹は赤や黄色、オレンジに色づき、
わたしたちを楽しませてくれます。
街や庭の大きな木やベランダの小さな鉢植えなど、
植物がとてもきれいな季節です。

サトウカエデ

ツツジ

ブルーベリー

アジサイ

ヒメツルソバ

ベランダに敷物をしいて
ピクニック気分。落ち葉
を針金でつないで、秋の
リースをつくります。

148

サクラ

カラント

カランコエ

ノイバラの実も赤くなり、
葉の色とのコントラストが
鮮やかです。

ノイバラ

ウメやイチジクは黄色
く色づき、園芸種のア
ジサイは黒に近い紫に
なります。

ウメ

クランベリー

イチゴ

イチゴやクランベリー、
多肉植物は落葉しませ
んが、寒さで葉が赤く
なり、すてきです。

モミジ

イチジク

149

ハナミズキ カツラ

ウメ

イチゴ

モミジ

ツツジ

イチョウ

夏の暑さがやわらいで秋の深まりとともに葉の色がかわる……
目を楽しませてくれる紅葉ですが、
同じ植物の葉の色が季節によって変化するなんて、
とてもふしぎですね。

紅葉のしくみって？

秋になって日照時間が短くなり、気温が下がると、葉が光合成で
つくりだす養分が減り、葉が消費する養分を下回ります。葉をつ
けているメリットがなくなると、落葉樹は葉を落とす準備をはじ
め、葉の葉緑素が分解されて緑色が薄くなるのです。

ブルーベリー

黄色く色づくのを
黄葉（おうよう）
とよびます。

サトウカエデ

黄色く見える葉

落葉の準備がはじまり、緑色が薄くなった
結果、もともと葉に含まれていたカロテノ
イドという黄色い色素がよく見えるように
なり、葉が黄色く見えます。

赤く見える葉

落葉の準備がはじまると、葉と枝との間で栄養のやりとり
が妨げられ、葉にブドウ糖がたまります。そのブドウ糖に
紫外線があたって分解されると、アントシアンという赤い
色素がつくられ、葉が赤く見えます。

サクラ

ヒメツルソバ

きれいに紅葉させるには？

昼と夜の寒暖差など、その土地ごとの気候による影響が大きいのですが、
きれいに紅葉させるポイントもあります。

日あたりのよいところで育てましょう
赤く色づくはずのモミジなどが黄色くなる
のは日中の日照不足の影響もあります。

水切れに注意
落葉樹は夏の強い日ざしが苦手です。葉焼けをし
ないように。また、鉢が小さくて乾きやすいとき
には鉢皿に水をためておいてもよいでしょう。

肥料は早春までに
土の中に肥料分が残ってしまうと、
葉が生長し続け、落葉しづらくな
ります。秋まで肥料分が残らない
よう、肥料は冬から早春までにあ
たえましょう。

フサスグリ

バラ テイカカズラ カランコエ クランベリー

ニシキギ

ナツヅタ

イチジク

マンサク

ランタナ

ケヤキ

エゴノキ

フレームにいれて
お気に入りの1枚を見つけてフレームにいれて飾ったり、ノートやスケッチブックにはってオリジナル葉っぱ図鑑をつくったりしてみましょう。

リースにして
この時期でなければ楽しめない色とりどりの、落ち葉のリースをつくってみましょう。細めの針金にとおすだけです。

コナラ

ヤマホロシ

香りを楽しむ
サクラの落葉は桜もちの香り。カツラの黄色い葉はキャラメルのような甘い香り。皿にのせて部屋で楽しめます。

落ち葉でいろいろ楽しむ
きれいな紅葉の風景を眺めるのもよいですが、もっといろいろな方法で秋の紅葉を楽しんでみましょう。

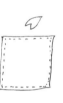

ヤマボウシ

レンギョウ

マルチングにして
鉢植えの株元を落ち葉で覆うマルチングをすると、とてもカラフルです。

染めて楽しむ
ハンカチなどをサクラで染めるときれいです。まず、サクラの落ち葉を集め、鍋で煮て色素を抽出します。煮汁に色が十分でてきたら、重曹をいれてから染めたいものをしばらく煮ます。そのまま冷まして水洗いすればできあがり。淡く自然な色合いがよいですね。

ジューンベリー

カキ

カツラの黄色い葉はそっと踏んでみると、キャラメルのような甘い香りがします。

花が少なくなった花壇も、きれいな落ち葉をしきつめると寒さよけになり、にぎやかになります。

カエデ

ザクロ

ブドウ

クロヒイラギ　ユキヤナギ

サンショウ

ナンキンハゼ

ハゼノキ

ユリノキ

ナナカマド

実りの秋を楽しもう

秋になると植物たちは種を実らせます。
来年のために種を収穫しましょう。
また、どんぐりや松ぼっくりなども、
クリスマスの飾りのために拾っておくとよいです。
ワタ（綿）やセンニチコウなど、乾燥しやすいものは、
ドライフラワーに向いているので、ぜひ挑戦してください。

秋に紅葉したアジサイはリースに。

どんぐりやシイの実などの木の実もクリスマスの飾りに。

クリスマスの飾りに、松ぼっくりもたくさん拾いました。

根を洗ったワタを干して飾るのも、おもしろいです。

種や木の実などを保存する作業は、水がかからない場所で。

来年の花壇のことを考えるとわくわくします。

紙袋にいろいろな草花の種を保存しておき、まぜてまくと、野原のような花壇になります。

センニチコウは、ドライフラワーにしても
ほとんど色がかわりません。

植物によりますが、10月
のおわり頃から種の収穫が
できます。

束ねた花穂から自然に落ちた
種が来年の春に芽をだすのを
楽しめます。

庭の日記は、
観察記録に
なります。

アサガオやヨルガオは、
くるくるとつるを巻い
て、来年の種まきまで、
種をつけたまま部屋に
飾ります。

モクレンやサクラなど
の剪定した枝は、その
ままドライフラワーと
して楽しめます。

日記に種といっしょに押し花をはっておけば、
来年、庭仕事をするときに見返せます。
集めた種を整理しておけば、
来年、作業をするときに便利です。
植物の収穫をいろいろな形で楽しみましょう。

ドライフラワーのつくり方

きれいな花は、ずっととっておきたい気もち
になりますね。ひもなどで茎を結んで逆さに
つるせば、ドライフラワーができます。

ミントやレモングラスなどは葉が緑色のうちに
収穫すると、きれいな緑色に乾燥させられます。
ハーブティーやハーブバスにつかいます。

葉ものを乾かすときは？

枯れた葉や折れた枝などをとり、洗って長さ
をそろえておくと、きれいに見えます。葉や
花の収穫は、植物がピンとしている朝か夕方
がおすすめです。

ドライフラワーのつかい道

花瓶に飾ったり、小さく切ってポプリに
します。数年たって色があせたものも、
またすてきです。

①茎の下の方の葉を
少しとりのぞく。

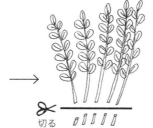

切る

②背丈をそろえて切る。

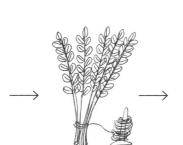

③麻ひもやリボ
ンでしばる。

④室内でつるし
てできあがり。

花ものを乾かすときは？

センニチコウ、スターチスなど、
生きているうちから乾いた様子の
植物は、ドライフラワーに向きま
す。バラは3〜4分咲きのうちに
ドライフラワーにすると、乾燥中
に散ることもなく、きれいに仕上
がります。

×　　○

満開のバラはドライフラワー
には向きません。

マロウやスミレなど、花茎がやわら
かい、ハーブティーにつかうものは、
花だけつみとって、ざるの上で乾か
してもよいでしょう。

きれいに紅葉した葉は、本にはさんでしおりに。

手紙にはりつけ。

思い出の花を押し花にして額装。

押し花をつくろう

厚みのない草花が押し花に向きます。ツバキやバラをまるごと押し花にするのは水分が多く難しいですが、スイセンなどは意外ときれいにできます。やっと見つけた四つ葉のクローバー、お気に入りのパンジーなど、挑戦してみましょう。

新聞
ティッシュ

①新聞紙を適当な大きさに切り、ティッシュをしき、草花を並べます。

ティッシュ

②辞典などの厚い本を広げて①をおき、上からティッシュをかけ、本を閉じます。

③さらに本などをのせ、水分がぬけるのをまちます。早いと1週間ほどでできあがり。

④お気に入りのフレームなどにいれて飾ります。少しずつ色があせますが、それもすてきです。

夏草のリース
7～8月：見なれている夏の野草（エノコログサやヒエなど）をつかった野性味のあるリース。

木の実のリース
10～11月：どんぐり、松ぼっくりなどをたくさん集めて、秋の実りのリース。

ハーブのリース
5～6月：ミントやローズマリー、ラベンダーなどで、さわやかな香りを楽しみます。

クリスマスのリース
12月：香りのよいモミなどの針葉樹とヒイラギなどを合わせ、新年を祝うリース。

季節のリースいろいろ

植物はリースにしても保存できます。季節ごとにさまざまなリースをつくるのもおもしろいです。つくり方は簡単。10cmほどの長さのパーツをつくって、リースの台にくるくると針金で巻いてとめていきます。

つる

台はフジなどのつるや針金を巻いたもの。市販のリース台をつかってもOK。

針金

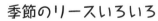

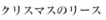

アジサイをリースに！6月なら色鮮やかに、秋なら紅葉した花で、つくりましょう。

完成！

小さな花壇をつくろう

花壇は、植物を植える場所を高くすることで、
風とおしや水はけをよくして、
植物がよく育つようにするものです。
石やレンガ、小枝や木箱などの材料で、
自分だけの花壇をつくってみましょう。

石を並べただけのシンプルな花壇

移植ごて

ブロックごて

手板

レンガ

花壇の大きさを決めたら、地面を水平にならします。レンガを地面に半分くらい埋めこんで、周りの土を固めながらつくります。

レンガの花壇

石を少し高く積み上げると、花壇の風とおしがぐっとよく
なります。山野草や乾燥を好むタイムやラベンダーなどの
ハーブを植えるとよく育ちます。

石を積み上げた花壇

移植ごて

ジョウロ

ベランダ用の小さな花壇

木箱

ワインの木箱などに、水抜きの穴を
あけて薄いレンガを接着剤ではれば、
移動もできる小さな花壇に。

薄いレンガ

先を斜めに切ると、
土にささりやすく
なります。

すぐにつくれないときは
枝を水にさしておきます。
1カ月くらいはやわらか
いままです。

剪定した枝をやわらかいうちに曲げて土にさしてゆくと、花壇の縁どり
になります。ウメやリンゴなどの長い枝がおすすめです。

枝で囲む花壇

花壇は植木屋さんに頼んでもよいし、自分でつくることもできます。
街の中にある、いろいろな材料でつくられた花壇を観察して、イメージづくりをしましょう。

花壇づくりで大切なこと

その1
庭のどこにつくるか。

その2
何を植えたいのか。

その3
どんな材料でつくるか。

つくってみたい花壇の簡単な図面を描いてみるとよいでしょう。

枝や鉄の柵は地面にぐっとさしこんで。

石はただ並べるだけでも花壇がつくれます。

ブロックは、セメントで固めなくても、2段くらい積むだけで、花壇に。

いろいろある花壇の種類

どんな植物を植えてみたいか、庭の本や写真集などを見て
イメージをふくらませましょう。

石をつかって
レンガの花壇をつくるように、石を半分ぐらい土に埋めこんでつくります。

植物で
常緑のリュウノヒゲなどの草花で周りを縁どることもできます。

枝や鉄などで
市販の柵をつかえば、土にさすだけで簡単に花壇ができます。割った竹や木の枝でもつくれます。

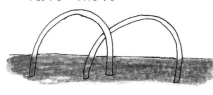

大きな石やブロックで
大きめの石やブロックをおくだけで花壇になります。

枕木で
線路にしく枕木は、硬く重さもあるので、おくだけでりっぱな花壇に。

枕木はホームセンターや通販などで入手できます。

空き瓶で
空き瓶に土や砂をつめて、逆さまに土に埋めていくと花壇ができます。瓶をすき間なく並べて、埋めこむのがポイントです。

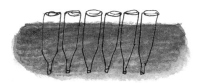

土に埋めこむ簡単花壇

レンガで花壇をつくるというと、コンクリートをねるなど、大がかりな印象がありますが、レンガを半分くらい土に埋めこんでつくる簡単な花壇もあります。

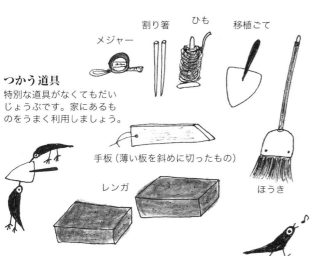

メジャー　割り箸　ひも　移植ごて

つかう道具

特別な道具がなくてもだいじょうぶです。家にあるものをうまく利用しましょう。

手板（薄い板を斜めに切ったもの）

レンガ　　ほうき

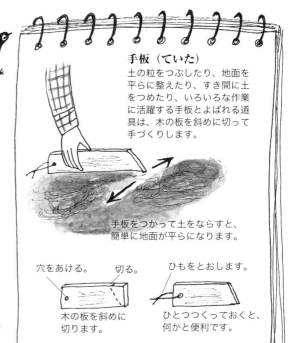

手板（ていた）

土の粒をつぶしたり、地面を平らに整えたり、すき間に土をつめたり、いろいろな作業に活躍する手板とよばれる道具は、木の板を斜めに切って手づくりします。

手板をつかって土をならすと、簡単に地面が平らになります。

穴をあける。　切る。

木の板を斜めに切ります。

ひもをとおします。

ひとつつくっておくと、何かと便利です。

つくり方

①大きさを決め、割り箸などを立ててひもをはり、形を決めます。

②移植ごてでレンガが半分埋まるくらいの溝を掘ります。

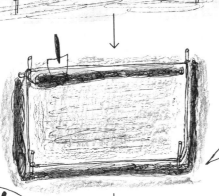

溝を掘る。

レンガをおく。

OK!

水平か確認。本当は水準器をつかいますが、だいたい平らなら、だいじょうぶ。

手板をつかってレンガとレンガのすき間にも土をつめていきます。

③溝にレンガを並べたら、レンガが半分埋まるくらい土をかぶせ、レンガの周りを手板で固めます。

④しっかりとレンガを埋めこんだら、周りをきれいに掃いて、できあがりです。

完成

ネコとなかよく

わが家のネコ、近所の家のネコ、野良ネコなど、
いろいろなネコが庭にくることがあります。
ネコに悪気はないのでしょうが、
植物を育てる人は悩まされることも多いですね。

「あっ！それはしないで」と思ったときには、
もう手遅れということが……。

大切に育てている草花の上で
すやすやお昼寝。

庭の木を爪とぎにして、
幹がぼろぼろに。

芽がでたばかりの大きな
植木鉢の上でくつろぐ。

芝生に寝ころがろうとしたら、
ネコのうんちが……。

ネコどうしのけんかで、
鉢をたおされてしまう。

ゴミ箱をのぞいてゴミを
ひっぱりだしたり。

ネコはかわいいですが、大切に育てている
庭を荒らされるのは困りますね。

キンギョやメダカをねらう。

おしっこをいろいろなところに
かけてマーキング。

植え付けたばかりの植物を
掘り返す。

161

ネコに注意してもいうことをきいてくれません。
でも、ネコの性質を知れば対策は立てられます。

ネコの好きな庭

1 やわらかく、掘りやすい土の庭。

2 サラサラの土で乾燥していて何も植えてない庭。

3 きれいな庭。

こんな方法もあるよ！
追い払うのではなく、ネコの好きな植物をあえて植えて気をひく作戦も。お腹のそうじにネコが食べるイネ科の草や、ネコの好きな香りのキャットニップを植えてみましょう。

イネ科の草

キャットニップ

ネコのトイレにされてしまう庭を……

ネコはきれい好きでやわらかい土が大好きです。だから下草の生えてない、整えられた花壇をトイレにしてしまうことが多いのです。そんなときは右ページのように……。

Before

対策前

ハーブを植える

木酢液

コーヒーのカス

ワンポイント
アドバイス
ネコによって嫌いな香りが
ちがうので、いろいろためし
てみましょう。

ドクダミ

こんな匂いが苦手です

匂いに敏感なネコは嫌いな匂いも多いのです。これらのも
のを刻んだり、霧吹きをつかったりして庭にまいておくと、
効果的です。

ニンニク

生ニンニクを細かく
刻んで、ネットにい
れてつるします。

柑橘類

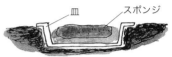
皿　　スポンジ

少し深めのプラスチックの容器に苦手な匂い（柑橘類、
ミント類）を吸わせたスポンジをいれて、地面に容器
を埋めておきます。

あまり効果がないもの

ペットボトルに水をいれて……というのは効果
がないようです。また、ネコよけ用のマットや
ネコよけプレートも効果は少ないようです。

水をいれた
ペットボトル

ネコよけプレート

ネコよけマット

ネコの嫌いな庭って
どんなところ？

水がまいてあって、歩くとぬれるとこ
ろや、木のチップや砂利がしいてあり、
歩きにくいところが嫌いです。

ハーブの香る庭に！

わたしたちから見ればとてもよい
香りでも、ハーブの個性的な香り
をネコは嫌がることが多いです。

After

対策後

木酢液をスポンジに含ませて
少し深めの皿などにいれてお
いても効果があります。

ミント
さわやかな
香りが苦手。

チャイブ
ネギ類の匂いは
ネコが嫌いです。

ゼラニウム
苦そうな匂い。

ランタナ
薬のような
独特の匂い。

タンジー
ネコの嫌いな香り。

ローズマリー
強くツンと鼻に
くる匂い。

寒い庭仕事を楽しく暖かく

冬がそこまできています。
この時期に寒さが苦手な植物の防寒対策などをちゃんとやっておくと、
安心して春を迎えられます。
ちょっとしたくふうで、植物も冬を暖かく過ごせるのです。

グラスベル・ジャー

ペットボトルも小さな苗を
寒さから守ります。

164

軒下は植物にとって、寒さをしのぐのにちょうどよい場所。

今日は庭仕事をやめておこうかな

体の調子がよくないときは、無理して作業しないようにしましょう。

多肉植物やサボテンの小さな鉢は、木箱に集めてビニルをかけるとよいでしょう。

庭仕事用の作業着を買いそろえてもよいですが、
あまり着なくなった洋服を
作業用に下ろしてもよいです。
汚れてもいい格好で思い切り作業をしましょう。

寒さに負けないように

手もちの防寒具をつかったり、
カイロなどを利用して、暖かく
作業できるように、しっかり準
備しましょう。

フェイスマスクで顔を
覆うと、とても暖かい
です。

毛糸の帽子やマフ
ラーなど、つかえ
そうな防寒具をさ
がしてみましょう。

「あっ！ 今日は寒いな」
と思ったら、庭をほうき
でひと掃きすると体がぽ
かぽかに。

耳あてつきの帽子
はとても暖かい。

アームカバーは腕周り
を暖かくしてくれます。

厚手のハイソックス
は効果抜群。

マスクをすると暖かく、
空気の乾燥やほこりか
ら、のどを守ってくれ
ます。

エプロンも
足下を暖か
く守ってく
れます。

靴の中もひとくふう。モコモコ
の中敷きをしいたり、靴底カイ
ロや乾燥トウガラシをつかうと
足先もホカホカに。

つかわなくなったカラーボックスや木箱などに厚手のビニルシートをかけます。

ミニ温室のようなガラスの容器、グラスベル・ジャー。見た目もとてもすてきです。

ペットボトルの底を切って土にさしこみます。気温に合わせてキャップで調整。

ガラス製のミニ温室。

木箱を発泡スチロールの箱にすればなお暖かくなります。

植物も暖かく

植物も暖かくして、寒さから守ってやりましょう。身近なものでひとくふうできます。

1鉢だけおくよりも、鉢を集めておいた方が寒さから身を守れます。

大きくて室内に入らないときは、厚手のビニル袋をかけて軒下へ。

寒いときはてぶくろを重ねましょう。

温かい飲み物などを用意してから作業するとよいでしょう。

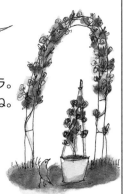

バラの選び方いろいろ

新品種が次々と生まれ、3万種以上ともいわれるバラ。
気に入った品種を選ぶとなると、迷ってしまいますね。
育てるのが難しいといわれますが、
病害虫に強い、比較的丈夫な品種もあるので、
好みのものを選んでみましょう。

色で選ぶ

バラ園などへいくと、赤、白、黄などと
ひと言ではいえない、微妙な色合いのす
てきな花を見つけられます。実際に花を
見て決めることをおすすめします。

咲く時期で選ぶ

春から初夏（5〜6月）に咲く一季咲き、
春から秋のおわり（5〜11月）まで咲く四
季咲き、春に咲いた後は不定期で咲く変わ
り咲きがあります。ちがう咲き方の品種を
とりいれると、庭を華やかにできます。

赤系
バラといえば情熱の赤。黒に
近い赤もあります。オクラホ
マ、ミスターリンカーンなど。

濃いピンク
赤とピンクの間の濃い色で、紫がかってい
るものも。ウイリアムシェークスピア、イ
ントゥリーグ、サーポールスミスなど。

ピンク系
白に近いやわらかい色から、はっき
りとしたピンクまでさまざま。芳純、
ミスターローズ、デンティベスなど。

ベージュ・茶系
こんなバラの色があったの？と思われ
るような印象のものも多い。ジュリア、
バタースコッチ、ブラックティーなど。

黄色系
明るい黄色のバラは丈夫な品種
が多い。ヘンリーフォンダ、月光、
サニーノックアウトなど。

オレンジ系
アプリコットオレンジの花びらは
とても美しい。万葉、パットオー
スチン、ジャストジョイなど。

白系
白バラといっても品種により微妙に色味
がちがいます。ヨハネパウロ2世、アイ
スバーグ、ホワイトウイングスなど。

紫・ブルー系
まだ真っ青なバラはありませんが、薄
い紫色などはあります。青龍、ブルー
ムーン、ステンレススチールなど。

混色系
2色以上の色味が入っているもの。色の組
み合わせで印象がかわります。センチメン
タル、ダブルデライト、クロードモネなど。

八重咲き
花びらが 20 枚
以上のもの。

平咲き（半八重）
花がひらくと平ら
になる咲き方。

カップ咲き
丸い花弁が内側に反り、
丸く包むように咲く。

一重咲き
花びらが 5 枚ほど。原種や
それに近い品種が多い。

花の形で選ぶ

同じ色のバラでも花の形で印象がかわります。
一重咲きは原種が多く、これらを改良して八重
咲きなどの華やかな品種が生まれました。

ポンポン咲き
小ぶりの花が房状
にたくさん咲く。

高芯咲き
花の芯が高く花芯
を包むように咲く、
切り花では一般的
な形。

ロゼット咲き
八重咲きの中でたくさんの
花びらが密集した形。

クォーターロゼット咲き
花びらの多い八重咲きの中で
花の中心が 4 つに分かれる。

ノイバラ
たくさんの
小さな実が
とてもかわ
いい。

ロサ ダヴィディ
細長い釣鐘形の実
が特徴的。

ロサ ピンピネリフォリア
黒い丸い実が美しい。

スズバラ
葉の色もグレー
がかった色で、
葉だけでも楽し
める。

ローズヒップ（実）で選ぶ

バラのもうひとつの楽しみは花の後にでき
る実です。きれいな色とユニークな形で秋
から冬の庭を華やかにします。実を楽しむ
ときは花がらつみはしません。実を楽しむ
バラは原種が多いです。

センセーショナル
ファンタジー
丈夫で花も華やか。大
きな実は存在感がある。

ドックローズ
ローズヒップ
ティーに、よ
くつかわれる
品種。

ナニワイバラ
日陰でもよく育つ丈夫
なバラ、トゲのある実
は漢方として利用。

サンショウバラ
富士箱根地区に自生し、
サンショウの葉のよう
な小さな葉が特徴。実
にトゲがある。

ハマナス
日本に多く自生し
ている。実は大き
く肉厚で食用に。

香りで選ぶ

バラは香りも大切です。スパイシー系、フルーツ系、さわやか系
など、言葉からイメージをふくらませてもよいですが、バラ園な
どへいき、実際に香りをかぐのが確実です。

※花の香りは午前中、夕方がよく香ります。
　晴れて日ざしの強い日中は強い香りのものも弱く感じることがあります。

樹形で選ぶ

バラ選びは、庭やベランダの環境に合った樹形が重要な
ポイントになります。特につるバラは、支柱やフェンス、
アーチにつるをからませて育てるので、十分に計画して
から選びましょう。

木立性のバラ
大きさを調整しやすく、育てや
すい品種も多いので、つるバラ
より自由に選べます。鉢植えで
小さく育てたり、庭植えで背を
高くしたりできます。

つるバラ
つるが 1m ほどの小さな品種から、
3m 以上に伸びる大型の品種までさ
まざまです。庭のフェンスやアーチ
にからませるときと、あんどん仕立
てにするときでは、向く品種がかわ
ります。

**修景用バラ
（株立性のバラ）**
横に広がる性質があ
ります。剪定の方法
により株立で小さく
育てられます。

ミニバラ
小さな花から中輪の
花まで幅広い品種が
あります。鉢植え向
きの背の低い品種が
大半ですが、高くな
るものもあります。
四季咲き性のよく咲
く品種が多いです。

よい香り！

バラの香り
の魅力は、
格別です。

冬

緑の彫刻トピアリーを楽しもう

丸、三角、四角、動物の形など、
植物をつかってさまざまな形に仕立てたものを
トピアリーとよびます。
緑の彫刻ともいわれるトピアリーは、
庭や建物をすてきに飾ってくれます。

こんなトピアリー
自分でつくれたら
いいな！

鳥の形は、木の中に
針金をさしこんでつ
くっていきます。

172

遊園地や公園などで見かける
大きなトピアリーは、葉や枝
を刈りこみながら、何年もか
けてゆっくり形をつくります。

円すい形などの幾何学的な形は、
常緑の針葉樹でつくります。

葉や枝を刈りこむだけでなく、
いろいろな方法でトピアリーをつくることができます。
どれもちゃんとした形になるまでは2〜3年かかりますが、
手入れをしながら育てると、
本当に緑の彫刻をつくっているような気もちになれます。

トピアリーの種類

刈りこんでつくるもの、つるを巻きつけるもの、コケをはりつけるものなど、いろいろな種類があります。

盆栽もトピアリーのなかまです。

チョウの形をした市販のワイヤー製トピアリー台などに、コケをはりつけます。

刈りこんでつくる（小さなもの）

小さな盆栽も、枝を刈りこんでつくる、りっぱなトピアリーです。

コケをはりつけてつくる

コケ玉につかうハイゴケ（這苔）を形にそってはります。針金をU字に曲げ、コケの上からさしてとめます。コケが育つと、針金が見えなくなります。

好きな形に針金を曲げ、鉢にさして、つる性の植物をからめてつくります。

巻きつけてつくる

つる性植物を市販の台に、這わせます。枝がやわらかいローズマリーやオリーブ、観葉植物のベンジャミンなどを針金でつくった形に巻きつけてもよいです。

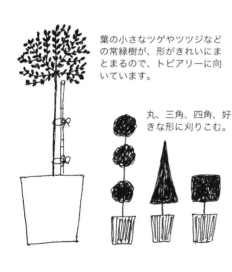

葉の小さなツゲやツツジなどの常緑樹が、形がきれいにまとまるので、トピアリーに向いています。

丸、三角、四角、好きな形に刈りこむ。

針金のクマの形に、つる性植物をからめて。

刈りこんでつくる（中〜大きなもの）

刈りこんでつくるトピアリーのつくり方は生け垣と同じ。円すい形の針葉樹を丸くしたり、ツツジやツバキを洋風に仕立てたり、何年もかけて形を整えます。植物は生きものなので、無理をせず育ててましょう。刈りこみの適期は春と秋です。

大きなトピアリー

公園などにある大きなトピアリーは、数本の木を合わせてつくられていることが多いです。

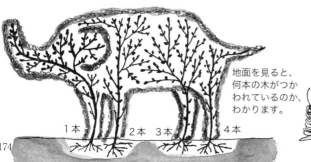

地面を見ると、何本の木がつかわれているのか、わかります。

1本　2本　3本　4本

トピアリーをつくる道具

ふだん庭の手入れをする道具でトピアリーはつくれます。

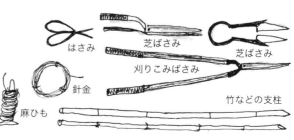

はさみ
芝ばさみ
芝ばさみ
刈りこみばさみ
針金
麻ひも
竹などの支柱

トピアリーをつくろう

身近な植物をつかってトピアリーを
つくってみましょう。できたてはイ
メージとちがうかもしれませんが、
刈りこんだり、巻きつけたりして、
時間をかけて育てましょう。

鳥の形

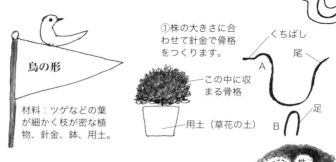

材料：ツゲなどの葉
が細かく枝が密な植
物、針金、鉢、用土。

用土（草花の土）

①株の大きさに合
わせて針金で骨格
をつくります。

くちばし
尾
A
足
B

この中に収
まる骨格

②植物の株の中に
針金（A、B）をそ
れぞれとおします。

株
A
B
鉢

③鳥の形（②の
点線部分）にそっ
て枝を切ります。

④春と秋に刈り
こみ、2〜3年
かけて形を整え
ます。

丸い形の スタンダード仕立て

材料：植物、支柱、
針金、鉢、用土。

ヒメリンゴ

①常緑樹でも落葉樹でも
基本的な方法は同じです。
丸くする位置を決めたら、
その位置まで枝を下の方
から切っていき、支柱を
立ててひもで結びます。

切る

②上の方の枝を
全体に丸くなる
ように切ります。

切る

③ヒメリンゴの
トピアリーので
きあがり。

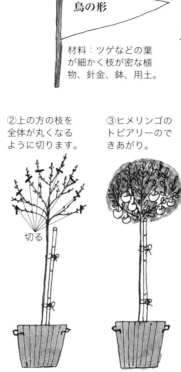

つる性植物 でつくる

材料：葉が小さな
品種のアイビー、
鉢、用土、針金。

× 2

①針金でこの形を
2つつくります。

②2つを重ね、A
の位置を別の針金
でしばります。

A

③さらにくるく
ると全体に針金
をからませます。

針金

④鉢に用土を
いれて針金を
さす。

⑤鉢に苗を植え、
下からつるをから
ませていきます。

わき芽が伸び
たら、からま
せます。

⑥できあがり。

小さな苗は時間をかけて
育てましょう。

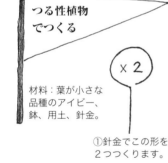

コケでつくる

材料：スタンダード
仕立て用の球形の台、
ミズゴケ、ハイゴケ、
針金、鉢。

水を含ませた
ミズゴケ

ネットにつめる。

市販の球形の台を
鉢に深くさす。

ミズゴケ
を台につ
めます。

ハイゴケ
を固定し
ます。

しっかりとめます。

針金 ハイゴケ
ミズゴケ

ハイゴケをのせ、
U字に曲げた針金
で固定。

こまめに
水分をあ
たえる。

おき場所
は明るい
日陰に。

ハイゴケは2〜3週
間たつと、這うよう
に伸びます。

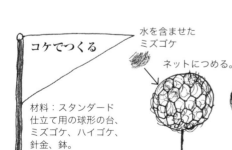

クリスマスのしたく

12月になると、花屋やガーデンセンターは、
クリスマスの植物でいっぱいになります。
いつもは店頭に並んでいない植物もあって、
何だかうきうきしてきますね。

ユーカリ

モミ

セイヨウヒイラギ（斑入り）

クリスマスツリーに使われ
ているモミは、高温多湿の
日本では育ちにくいため、
ドイツトウヒやスカイロ
ケットなどのコニファーと
よばれる常緑針葉樹を使う
ことが多いです。

コニファー
（スカイロケット）

イチイ

エゾマツ

コニファー
（ドイツトウヒ）

ゲッケイジュ

ヒマラヤスギ

ヒムロスギ

ノイバラ

ヤドリギ

ノイバラやヒムロスギの実も
クリスマスの飾りに。

他の木に寄生するヤドリギも、
クリスマスの飾りとして売ら
れています。

セイヨウヒイラギ

ポインセチア

シクラメン

ヒメヒイラギ

ユーカリ

ヒイラギ

黒ヒイラギ

クリスマス向けの植物が並ぶ店内は、
いろいろな植物の葉から漂う匂いで、
森の香りがしています。

177

つるすタイプのリース。

クリスマスカラー

クリスマスの飾りにつかわれる色は
赤、緑、白、金銀などがあります。
色にはそれぞれ意味があります。

赤：愛
緑：永遠の命
白：純潔
金銀：豊かさ

枯れ枝でも、ガラスやアクリルのオーナメント
をつけるだけで、クリスマスの気分がでます。

窓の下にもいろいろ飾って、
クリスマスコーナーをつく
ると楽しいですね。

部屋にツリーをおくと
きは水やりを忘れずに。
クリスマスがおわった
ら、外へだして屋外で
育てましょう。

ゲッケイジュ　ローズマリー　セイヨウヒイラギ　ノイバラの実　ユーカリ　ヤシャブシ　コナラ　ヒムロスギ

輪は、はじまりもおわりもないので、リースには「永遠」という意味がこめられています。

ネズミモチ

ワタの実

マートル

松ぼっくり

クリスマスリース

①植物を10cmぐらいに切って針金でまとめ、小さな束にします。

②枝やつる、太めの針金を丸めたものを輪にします。

③輪に、①の束を針金で巻いて固定します。

秋のうちに、木の実や枝を集めておきましょう。

つくってみよう！

野山で拾った木の実や庭の植物をつかって、クリスマスの飾りをつくりましょう。足りないものは買ってもいいかもしれません。

キャンドルボトル

①ジャムなどのガラスの空き瓶に、針金でもち手をつけます。

②瓶の中にろうそくをいれ、小石で固定し、水を少しいれます。

③植物で飾りつけをして、できあがり。

小枝のオーナメント

①枝の端をナイフなどで斜めに削り、その切り口にアクリル絵の具などでサンタの顔を描きます。

②上の方に錐で穴をあけ、ひもをとおしてツリーに飾ります。トナカイを描いても楽しいですね。

材料をひもで束ねるだけでも飾りになります。

ちょっとしたくろうっていいね！

プレゼントをリボンで結んだときに、小さな植物をひと枝さすとすてきです。

盆栽を楽しもう！

秋から冬にかけて、各地で盆栽市や盆栽展がひらかれます。
大きくてりっぱな盆栽や小さな盆栽、苗などもたくさん並べられ、
いろいろな人がたくさん見にきます。
外国の人にも人気です。

冬の盆栽市
やっています！

直幹
幹がまっすぐに伸び、
根がしっかりと八方
に広がったもの。

ゴヨウマツ

箒立ち（ほうきだち）
1本の幹から細かく枝分かれし
て、ほうき状になったもの。

ケヤキ

株立ち
1株の根元から数本
の幹が伸びたもの。

クチナシ

文人木
ひょろりと細い幹を上
に伸ばして仕立てたも
の。明治時代の文人が
好んだそうです。

アカマツ

双幹
幹が根元で2つ
に分かれた形。

ウメモドキ

根上がり
太い根をわざと土の
表面にだして植え付
けたもの。

ツツジ

ツタ

寄せ植え
1鉢に数本の木を
植え付けて、林の
ようにしたもの。

ウメ

クロマツ

石付き
石と植物を合わせて仕立て
るもの。石の凹みに植えた
り、石を抱くように根をは
り付かせたりします。

模様木
枝や幹が、さまざまな方向に
しなやかに曲がり伸びた形。

手頃な値段の小さなかわいい盆栽もたくさん。
ついつい財布のひもがゆるんでしまいます。
育て方なども質問してみるといいですね。♪

ふだんは見ることのできない、
とても小さな鉢や珍しい鉢など
も、たくさんあります。

斜幹
左右どちらか斜め
に幹を傾けた形。

ツバキ

シンパク

懸崖
樹木が断崖
絶壁に生え
る姿を形づ
くったもの。

アカマツ

吹き流し
まるで風に吹かれたように
枝や幹が一方に流れたもの。

181

日本では、昔からいろいろな植物で盆栽がつくられてきました。
盆栽とは、自然の風景を小さな鉢植えの中で表現したものです。
自然な形を生かしてつくるものから、
針金などをつかって形づくる難しいものまで、さまざまです。

盆景
唐の時代の中国に、植物と石や砂、コケなどでお盆の上に風景をつくる盆景というものがありました。これが平安時代に日本に入り、盆栽がはじまったといわれています。

鉢植えと盆栽ってどうちがうの？

鉢植えは植物を元気にのびのびと育て、花や緑を楽しむものですが、盆栽はひとつの鉢の中で、形にこだわって剪定したり枝を曲げたりしながら、絵を描くように植物で小さな世界をつくる芸術です。

鉢植えは元気にのびのび！

盆栽は小さな世界をつくる！

盆栽のケヤキは公園にある大きなケヤキをそのまま小さくしたような形をしていますね。

はじめて育てるなら、どんな盆栽がいいの？

りっぱな盆栽はとても高価ですが、初心者は、ホームセンターなどにある千円前後のものが育てやすいです。緑を楽しむ、花を楽しむなど、目的を決めて選ぶとよいでしょう。あまり小さな鉢だと土が乾きやすいので、直径が7〜10cmの鉢がおすすめです。

すっと1本伸びたケヤキの盆栽に顔を近づけて下から見ると、まるで自分が小人になった気分になります。

花や実を楽しむ

ウメ

緑を楽しむ

クロマツ　アカマツ

四季の変化を楽しむ

冬

春と夏

秋

ケヤキやカエデ

石やコケ、小さな草花などをいっしょに植えると、本当に野山に生えるケヤキの大木みたいな景色ができます。

ケヤキ

盆栽を小さく育てるこつ
植物によりますが、2〜3年おきに植えかえます。

切る

切る

①鉢底から根が見えたら植えかえのサインです。

②鉢からとりだして、枝と根を切り、全体にひと回り小さくします。

③新しい土にいれかえ、ふたたび同じ鉢に植えれば完成。

盆栽のつくり方いろいろ
盆栽の樹形のつくり方はさまざまです。大きく分けて、剪定のし方や植え方で樹形をかえてゆく方法と、針金をかけ樹形をつくる方法などがありますが、つくり手によっては独自の方法で樹形をつくることも多いです。ここでは簡単にご紹介します。

育て方のポイントは？

おき場所
品種にもよりますが、日あたりのよいところにおきます。鉢が小さいので夏の乾燥に注意。

水やり
土が乾いていたらたっぷりと水やりします。小さな鉢はまとめて鉢皿などにのせると、夏に水切れしにくくなります。

植えかえと肥料
春と秋の過ごしやすい季節に植えかえ、油かす、骨粉などの肥料をあたえます。

箒立ちなど
自然な樹木の形を剪定しながらつくります。「箒立ち」「直幹」「株立ち」などがあります。

文人木など
枝に針金などをかけ、樹形を数年かけて整えます。「文人木」「双幹」「斜幹」「吹き流し」「模様木」「懸崖」などがあります。

寄せ植え
何本かの樹木の苗を1鉢に植えます。ちがう種類の植物を合わせることも。

根上がり
根を筒の中で育て、長くなったものを植え付けます。

①筒をポット鉢にいれる。
②筒に土をいれる。

太いホースなどの筒。

ポット鉢

③ポットからとりだし、土をはらう。
④筒に植えこむ。

⑤2〜3年後にとりだして、長くなった根が地上にでるように植えかえる。

⑥針金をかけて樹形をつくる。

⑦できあがり。

石付き
岩や石の鉢に植え付けてから鉢に植えたり、石を抱かせていっしょに植えこみます。

小さなくぼみがある。

石の鉢

①小さなくぼみに植え付ける。

②石の鉢ごと、ひと回り大きい鉢に植える。

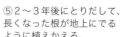
③数年後、根が伸びてくる。

ハボタンを長く楽しむ

ハボタンの美しい花のような部分は葉です。
ボタンの花のような葉というところからハボタン（葉牡丹）
という名前がつきました。
キャベツと同じアブラナ科で、
春になると菜の花に似た黄色い花が咲きます。

ベニチドリ
（紅千鳥）

ハツユメ
（初夢）

シロスズメ
（白雀）

ブラックダンス
（黒ハボタン）

ツグミ
（鶫）

ベニクジャク
（紅孔雀）

シロハト
（白鳩）

シロクジャク
（白孔雀）

10～12月

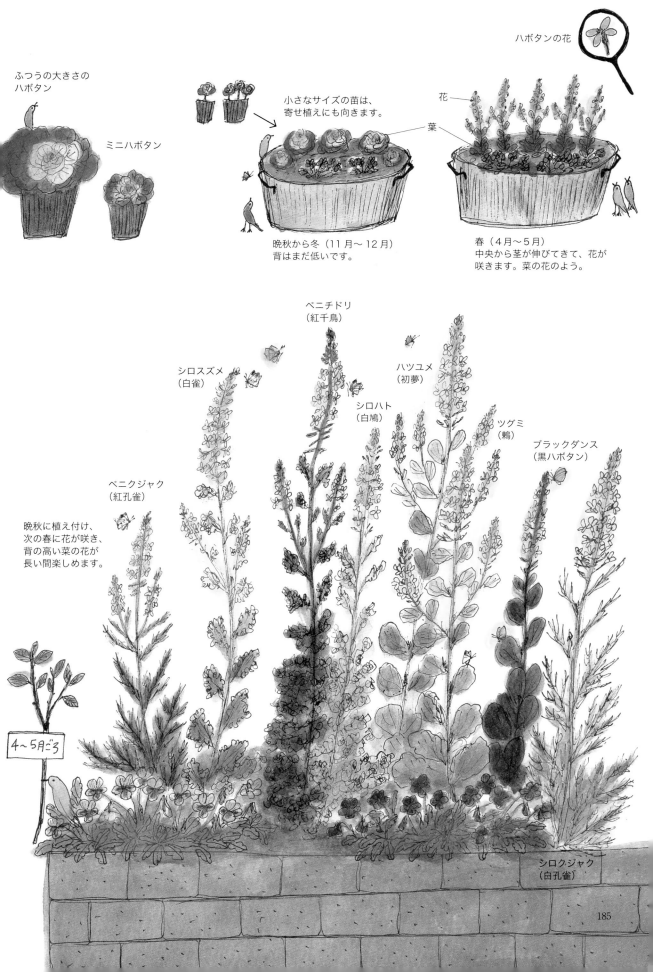

ふつうの大きさの
ハボタン

ミニハボタン

ハボタンの花

小さなサイズの苗は、
寄せ植えにも向きます。

花

葉

晩秋から冬（11月〜12月）
背はまだ低いです。

春（4月〜5月）
中央から茎が伸びてきて、花が
咲きます。菜の花のよう。

ベニチドリ
（紅千鳥）

シロスズメ
（白雀）

ハツユメ
（初夢）

シロハト
（白鳩）

ツグミ
（鶫）

ブラックダンス
（黒ハボタン）

ベニクジャク
（紅孔雀）

晩秋に植え付け、
次の春に花が咲き、
背の高い菜の花が
長い間楽しめます。

4〜5月ごろ

シロクジャク
（白孔雀）

185

花の少ない季節に庭を華やかにしてくれるハボタン。
見なれた植物ですが、じっくり育ててみると、
あらためてハボタンの魅力に気がつきます。

育て方と日々の手入れ

場所	日あたりを好み、寒さにも強く、とても丈夫です。
水やり	土の様子を見て、表面が乾いたら、たっぷりとあたえます。
肥料	植え付け時に化成肥料などをあたえ、花芽がでたら追肥をします。
病虫害	基本的に丈夫ですが、気温が上がる頃、青虫やアブラムシがつきやすいので注意します。
注意	生長するに従って下の方から葉が傷んでくるので、様子を見てとりのぞきます。

傷んだ葉はとりのぞきましょう。

種のとり方

ハボタンは春に花を咲かせ、初夏に種をつけます。種をまくと、秋には苗が育ちます。

①種をとるため、花がらつみはしません。

②細長い実が少しずつ大きくなります。

③さやが茶色くなったら、ひらいて種をとりだし、ガラス瓶やビニル袋にいれて保管します。

種のまき方

①7月下旬〜8月下旬に収穫した種を浅めの鉢にすじまきにします。

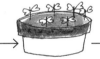

②1週間ほどで発芽します。

③2〜3週間で本葉が伸びるので、ポットに植えかえます。

④化成肥料などをあたえ、秋まで育てます。

⑤ハボタンは寒さで色づきます。

⑥11月、育った苗を花壇や鉢植えにします。

ハボタンが大きくなるまで

⑪3月〜4月頃、気温が上がると菜の花のような花が咲きます。

⑫初夏に種ができます。収穫後、背丈の半分で切ります。

切る

種

⑩2月下旬、花の茎になる部分が高く生長。

⑨2月頃、苗の中心が少しもり上がってきました。

⑦根をくずして植え付けます。

⑧12月、生長はゆっくり。

自然にこぼれた種が芽をだすことも！

いろいろな楽しみ方

大きさもいろいろ、楽しみ方もいろいろ。
リース仕立てや切り花、そして食べること
だってできます。

壁掛け用リースの台（鉢）

リースに

壁掛け用リースの鉢に植えて、
ビオラやプリムラなどの春の
花と寄せ植えに。

ブーケに

ハボタンは、切り花として
とても長もちで、バラのよ
うに華やかです。

ハンギングバスケット（つり鉢）に

小さなミニハボタンは、ハンギングバスケット
に植えてベランダでも楽しめます。

いろいろな種類を合わせて

大きめの鉢にいろいろな種類の
ハボタンを寄せ植えしても華や
か。春に黄色い花が咲いてとて
もきれい。

料理に⁉

それほどおいしくないですが、よ
く水洗いして、茹でたり炒めたり
して食べることもできます。
（園芸用農薬に注意してください）

おどりハボタンを育ててみよう

秋から春まで楽しむ一年草として扱われますが、本来は次の年も
楽しめる多年草です。春まで楽しんだ後は、おどりハボタンとよ
ばれる、茎が枝分かれして長く伸びた仕立て方に挑戦しましょう。

11月頃

パンジーや
ビオラと
いっしょに
寄せ植え。

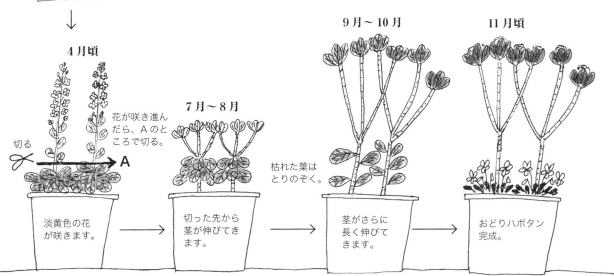

4月頃

切る

花が咲き進ん
だら、Aのと
ころで切る。

淡黄色の花
が咲きます。

7月〜8月

切った先から
茎が伸びてき
ます。

枯れた葉は
とりのぞく。

9月〜10月

茎がさらに
長く伸びて
きます。

11月頃

おどりハボタン
完成。

庭に遊びにくる鳥たち

冬の庭には野鳥たちの食べものが少なくなります。
鳥たちのためにレストランをひらいてみませんか。
いろいろな野鳥が庭やベランダに遊びにきてくれます。

カラス

オナガ

ツグミ

ムクドリ

ピラカンサ

ヒメリンゴ

メジロ

ムクドリ

シジュウカラ

ヒヨドリ

ジョウビタキ

巣箱をとりつけると、メジロやシジュウカラなどの小鳥が巣をつくることがあります。ネコにねらわれないところにとりつけましょう。

メジロ

ムラサキシキブ

ヒヨドリ

コゲラ

エナガ

アオキ

188

モズ

ハナミズキ

キジバト

ハクセキレイ

オリーブ

ウグイス

メジロ

窓辺の植木鉢が小さなレストランに。

ことり
の
レストラン

毎日、どんなお客さんがきてくれる
でしょうか。とても楽しみですね。

ヒバリ

スズメ

シジュウカラ

ジョウビタキ

ナンテン

189

庭にくる鳥たちは、どんな食べものが好きなのでしょうか。
お目あての鳥が好きな食べものをレストランに用意すれば、
遊びにきてくれるかもしれません。

カラスに注意！
ほかの鳥をいじめることもあるので、
カラスに見つからないように木の下
や陰に餌をおいたり、小鳥専用の餌
台をつかったりしましょう。

小鳥のレストラン
冬だけ開店！

メジロ
体が緑で目の周りが白い。
ミカンなどのくだものが
好き。花の蜜や小さな昆
虫も食べます。

ウグイス
メジロより少し地味な緑色。
昆虫類、クモを好みますが、
冬には木の実も食べます。
ツバキやサザンカの蜜を吸
うこともあります。

シジュウカラ
「ツッピー、ツッピー」
とさえずります。昆虫
やクモ、果実、種子な
どが好き。

スズメ
雑食で何でもよく
食べます。

こんな鳥がくるかも

地域によってもちがいますが、いろいろな
鳥がやってきます。あなたの庭にどんな鳥
がやってくるか、楽しみですね。

メス
オス

ジョウビタキ
雄は頭が白っぽく目の周りが
黒い。雌は全体的に薄い茶色。
スズメぐらいの大きさで、昆
虫やピラカンサ、ヒサカキの
実を好みます。

エナガ
スズメより小さく、群れで
行動しています。白いふわ
ふわした羽毛がとてもかわ
いい。小さい昆虫や木の実
を食べます。

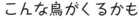

ウメ

花の蜜をメジロな
どがすいにきます。

ツバキ

ヒヨドリ
「ヒーヨ、ピイーヨ」
と鳴き、雑食で昆虫
や木の実、花の蜜を
好みます。

ムクドリ
雑食系で何でも食べます。

ピーナッツに穴をあけて
針金でつなげて。シジュ
ウカラ、スズメ、ツグミ
がくるかも。

リンゴやミカン。
メジロやヒヨド
リはくだものが
大好き。

大きめの植木鉢に
木でつくった餌台
をさして。

レストランのしたく

身近なものをつかって鳥たちのレストラン
をつくってみましょう。

草の穂を輪に
してリースの
ように。

巣箱の入り口を
レストランに。

水飲み場も用意。
水浴びもするかも。

それぞれ
好きなものが
ちがうんだね。

ツグミ
シベリアから冬鳥として
やってきます。雑食で昆
虫や果実、木の実などを
食べます。

キジバト
もともと山にいたハトです
が、都市部でも見られます。
雑食で果実、種子、昆虫、
ミミズなどを食べます。

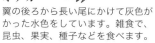

オナガ
翼の後ろから長い尾にかけて灰色が
かった水色をしています。雑食で、
昆虫、果実、種子などを食べます。

コゲラ
小型のキツツキでスズ
メとほぼ同じ大きさ。
公園などでときどき見
かけます。木の中にい
る昆虫を食べますが、
木の実も食べます。

ハクセキレイ
尾羽をふる仕草がかわいい。
昆虫、クモ、ミミズなどを
好みますが穀類も食べます。

モズ
動物食で昆虫、トカゲや
ヘビ、カエルなどを食べ、
小鳥も食べることがある。
木の枝先に獲物を突きさ
す「はやにえ」の習性が
あります。

V字

花びらについた
V字の跡は、小
鳥の仕業です。

ヒバリ
春の訪れを告げる鳥。おも
に種子を食べますが、昆虫
やクモも食べる雑食です。

※餌やりによって、鳥の糞害などの苦情が近隣からでることがありますので、
　住宅密集地などでは特にご注意ください。

植木屋さんの仕事を
見てみよう

庭をつくったり植物の手入れをしてくれる植木屋さん。
ガーデンデザイナー、造園屋、庭師、植木屋など、
よび名はさまざまですが、庭や植物の専門家です。
どんな仕事をしているのか、のぞいてみましょう。

10時、12時、15時に休けいをしま
す。植物のことなど、きいてみたい
ことがあったら、そのときに質問を
してみましょう。

192

高い木にも、するするとのぼって
かっこいいですね。

レンガの花壇もフェンスも、
庭に関係するものなら何でも
つくってくれます。どんな庭
にしたいのか、前もって相談
しましょう。

何かをつくる人を職人といいます。植木屋さんもその職人です。
ちょっと気難しそうで近づきがたい人もいますが、
根はやさしい植物好きな人が多いです。
庭のことを何でも気楽に相談できる植木屋さんが近くにいるといいですね。

庭仕事をしていると、野鳥が近くで虫を
食べてくれることがあります。庭仕事を
手伝ってくれる鳥を、庭師の間では愛情
をこめて「庭師鳥」とよびます。

庭づくりをお願いするポイントは？

庭のつかい方を伝える	見て楽しむ庭、植物を育てるための庭、バーベキューができる庭など、使用目的を伝えましょう。
自分の好みを伝える	和風か洋風かなど、参考になる庭の写真や植えたい植物の写真や本などを見せて伝えましょう。

前もって
調べておこうね！

どんな仕事をしてもらえるの？

植木屋さんに頼めることはさまざまです。代表的な作業を紹介します。
また、これ以外にもありますので、疑問に思ったことは何でも相談し
てみましょう。

剪定と刈りこみ
樹木や生け垣を、上手に刈り
こんだり剪定したりします。
剪定に失敗したときにも頼ん
でみましょう。

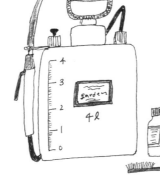

消毒
植物の害虫を駆除したり、
病気を未然に防いだり。
薬をつかわない方法など
も教えてくれます。

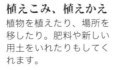

植えこみ、植えかえ
植物を植えたり、場所を
移したり。肥料や新しい
用土をいれたりもしてく
れます。

**庭づくり、
花壇のリフォームなど**
庭を全部かえなくても、花
壇をつくったり、フェンス
をかえたり、小さなもので
もつくってくれます。

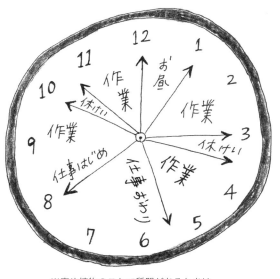

植木屋さんの1日

屋外での作業になりますので、朝早くから作業ははじまります。基本的に日が沈むと仕事はおわりですが、一般の家庭以外にも街路樹の整備や会社やお店などの仕事もあるので、夜間に作業することもときどきあります。

注意してね。

植木屋さんの作業ははさみなどの刃物をつかうことが多く危険です。作業中はあまり近づかないようにしましょう。

危険な道具もあるので、勝手にさわらないようにしましょう。

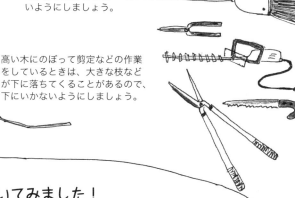

※庭や植物のことで質問があるときは、休み時間にしましょう。

高い木にのぼって剪定などの作業をしているときは、大きな枝などが下に落ちてくることがあるので、下にいかないようにしましょう。

植木屋さんにきいてみました！

Q：トイレはどうするの？
A：トイレは近くの公園やコンビニにいくよ。

Q：留守にしててもいいの？
A：お客さんが留守でも、事前に作業の打合せをしっかりしておけば問題ないよ。

Q：お昼ごはんはどうするの？
A：自分でもってくるんだよ。
　　作業内容によっては時間がずれこむこともあるけど、お昼はしっかり休ませてもらうよ。

Q：雨や雪の日は作業をするの？
A：基本的にはしないけど、急ぎのときなどは、作業をすることもあるよ。

Q：休けいは何時なの？
　　お茶をだすってきいたけど、お茶は何時にだしたらいいの？
A：力仕事が多いので、10時とお昼、3時に休けいをとるんだ。
　　お茶をいただければとてもうれしいけど、自分たちでももってくるから、無理をしなくてもだいじょうぶ。

バラの実を楽しむ

バラの花はきれいですが、
冬に赤く色づいたバラの実もとても魅力的です。
上手に世話をしてきたわたしたちへ、
バラがくれるプレゼントのようなもの。
緑が少なくなった庭を華やかにしてくれます。

トゲに注意してね!

四季咲きのバラ

花がらをつまなければ、
四季咲きのバラも実を
楽しめます。

ドッグローズ

スイートブライヤー

はじめての品種は
庭植えにする前に
1年間鉢で育てる
と、性質や植える
のに適した場所が
わかります。

サンショウバラ

スズバラ

木に這わせたノイバラ。
小さな実はクリスマス
リースにつかえます。

ノイバラ

ハマナス

ロサ・ピンピネリフォリア

実を楽しむバラの品種は原種系のものが多く、
一重の可憐な花を咲かせます。
実の形や色は品種によりさまざまで、
加工しやすいものは、お茶にしたりジャムにしたりします。
いろいろな品種をご紹介しましょう。

ドッグローズ
つる性で2〜3cmの
実をつけます。お茶に
する代表的品種です。

ローズヒップって？
ローズヒップとは、英語でバラの果実という意味です。
丸形、涙形など品種によって形も個性的です。

ノイバラ
つる性で5mmほど
の小さな実を房状に
つけます。

ハマナス
じつはバラの1種です。
親指の爪ぐらいの大きな
実がなります。食用品種。

スイートブライヤー
つる性で2〜3cmのし
ずく型の実がなります。
葉にもさわやかな香りが
あります。食用品種。

**ロサ・
ピンピネリフォリア**
花は白。1cmほど
の黒い実をつける、
珍しい品種です。

サンショウバラ
葉がサンショウに似
ているので、この名
がつきました。実は
2〜3cmでトゲが
多く、食用ではあり
ません。

お茶のつくり方

①収穫したらよく水で洗う。

②半分に切って種をとりのぞく。中に生えている細かい毛は、流水で洗いながら歯ブラシを利用すると、とりやすいです。

③ポットにいれてお湯を注げば、2～3分でできあがり。

たくさんとれたら

たくさん収穫できたら、乾燥させて袋につめ、風呂にいれたり、ポプリにつかいます。ほんのり甘い香りがします。

ローズヒップのつかい方

ローズヒップは、オレンジと同じくらいビタミンCが豊富。お茶やジャムにして楽しめます。甘酸っぱくてとてもさわやかな味です。

種をとりのぞいた実でジャムをつくってみましょう。

種のまき方

① 10～11月頃、浅鉢にまきます。

②春になると小さな芽が伸びます。

実を楽しむバラの育て方

花が咲いた後に花がらつみをしますが、実を楽しむときは、花がらつみをせずに育てます。

枝分かれする手前で切る。

灰紫色の葉が美しく、切り花によく使われます。

スズバラ

鈴のような実をたくさんつけます。花と実、葉も楽しめます。ロサ・グラウカともいいます。

4～5月頃

鉢植えでも小さな苗から育てればたくさん実がつきます。

油かす、骨粉など。

花がたくさん咲くと実も多くなるので、冬に肥料（寒肥）をしっかりとあたえましょう。

切る

11～12月頃

バラは1～2月に剪定をするので、実は12月中に収穫しましょう。

イメージガーデン
―春の庭を思い浮かべて―

木の葉が落ちた冬は見通しがよく、
庭のつくりがわかりやすくなります。
春になったら、どんな庭にしようか、
思いをめぐらせてみましょう。

雪がたくさんふった日は、窓から庭を眺めてみましょう。真っ白な画用紙のような庭を見ながら、どこに何を植えるのか、イメージしてみましょう。

来年の春の庭やベランダを思い浮かべて、
机の上で春の計画を立ててみましょう。
雪がふり、外での作業はできませんが、
これも大切な庭仕事のひとつです。
庭のイメージをふくらませてみましょう。

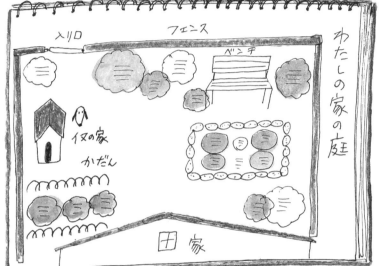

見とり図を描こう！

スケッチブックに見とり図を
描いて、現在の様子を把握し
ましょう。どんな植物を植え
てあるのか、花壇の位置がわ
かる程度の図でだいじょうぶ。

来春の計画を立てる

きれいな庭の写真集や色鮮やかな花のカタログなどは、見てい
るだけでも楽しいものです。ほしい苗や品種をチェックして、
メモをとっておきましょう。

1年分の庭仕事をまとめる

今年1年間の庭仕事をふり返り、
よかった点や反省する点などを
整理しましょう。

今年1年の日記を
ふり返って、読み
ふけったりしてし
まいます。

種の整理もこの時期に。

道具の手入れ

はさみやのこぎりなどの刃物は、
さびないように、しっかり手入れ
をしましょう。スコップやくまで、
ちりとりなども、汚れを落とし、
春になったらすぐにつかえるよう
にしておきましょう。

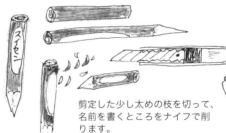

剪定した少し太めの枝を切って、
名前を書くところをナイフで削
ります。

小石やレンガに書いて
もいいです。

ネームプレートをつくる

植物の名前を記入して花壇などにさしておく
ネームプレートも、冬の間につくっておきます。

切り開く。

ビニルテープ

空き缶を金切りばさみで切り、
水性のペンキで色をぬれば、
ネームプレートのできあがり。

きれい！

ペンチ

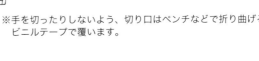

※手を切ったりしないよう、切り口はペンチなどで折り曲げるか、
ビニルテープで覆います。

小さな窓辺もりっぱな庭に
——春から夏——

小さな窓辺でも植物を楽しめます。
季節ごとに植物をいれかえれば、
まるで小さな庭のようですね！

夏

緑がきれいな季節がやってきました。
ヒメリンゴの木には小さな実がなっ
ています。暑い季節は、ガラスの器
や水盤などに水をいれて浮き草を浮
かべ、水草やメダカなどの小さな魚
を育てるのも楽しいですし、涼しい
雰囲気になります。

春

窓の外のヒメリンゴの木に花が咲き
はじめ、スイセンや水栽培のヒアシ
ンスは花ざかりです。ヒアシンスは
おわった花を切ると、また、下から
花芽がでてくることもあります。プ
リムラも次々と花を咲かせ、たくさ
ん蕾をつけています。咲きおわった
花はつみとりましょう。

小さな窓辺もりっぱな庭に
——秋から冬——

季節は秋から冬へ。
鉢植えの植物だけでなく、
切り花や好きな雑貨などを並べて、
窓辺ならではの楽しみ方をしましょう。

冬

外は雪。小さな針葉樹をクリスマスツリーにして、ヒイラギとシクラメン、サボテンをいっしょに並べました。ヒアシンスとクロッカスの水栽培の準備をすませ、春がくるまで窓辺で冬を楽しみましょう。

秋

庭のヒメリンゴも赤く色づく頃。多肉植物がひときわ元気です。紅葉する多肉植物もあります。形のユニークなもの、花が咲きそうなものなど窓辺に集めて楽しみましょう。つんできたススキを花瓶に生け、拾ってきたどんぐりなどを並べるだけで秋の窓辺に。

窓辺の庭上手に なるには？

窓辺の庭を楽しむために、
ちょっとしたくふうをしてみると、
さらに心地よい場所になります。

季節のかわり目に、
植物などのいれかえ
をしましょう。一度
すべてをとりのぞい
てそうじをすると、
気分がいいですね。

窓はときどきあけ
て空気をいれかえ
ましょう。

室内作業のときは、床にビニルシートや
新聞をしいておくと、ぬれたり、土がこ
ぼれたりしても安心。

窓辺にガラスの水槽をおくときは、
「レンズ効果」に注意しましょう。
丸形の金魚鉢などは、太陽の光を
１カ所に集めてしまい、火災の原
因になることがあります。容器を
選ぶときは慎重に！

窓辺の庭上手になるポイント

1 庭やベランダと同じように、水やり、花がらつみ、
そうじなど、ていねいな日々の手入れを。

2 季節ごとに植物をいれかえて、季節のすぎた植物
は庭やベランダで休ませましょう。

3 ときどき窓をあけて空気のいれかえを。

4 ガラスの器をおくときはレンズ効果に注意。

いろいろな
植物

一年草と二年草、宿根草と多年草

草花の育ち方は大きく分けて、
一年草、二年草、宿根草、多年草と分かれます。
といってもはっきり分けられるわけではなく、
熱帯生まれのニチニチソウは、現地では毎年花を咲かせる多年草ですが、
日本では冬の寒さで枯れるため、一年草とされています。

ジギタリス（二年草）

ビオラ（一年草）

プリムラ（宿根草）

マーガレット（多年草）

ヤグルマギク （一年草）

花壇やプランターの草花が一年草だけだと、
翌年はすべての草花を植え直すことになりま
すが、毎年花を咲かせる多年草をいっしょに
植えると、枯れてしまった一年草だけを植え
直せばすみます。上手に組み合わせて、花壇
や寄せ植えをつくりましょう。

ミント（宿根草）　　ワスレナグサ（一年草）

クリスマスローズ （多年草）

一年草ってどんな植物？

種から芽がでて花が咲き、枯れるまでが1年以内の草花を一年草といい、春まき一年草と秋まき一年草があります。よく咲き、とても華やかな花が多いので、庭やベランダに季節感をあたえてくれます。

ニチニチソウ以外にも、原産地では宿根草や多年草だけど、日本では一年草として扱われる草花があるんだ。

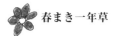

春まき一年草

非耐寒性一年草ともいい、春に種まきをして、夏から秋頃まで花を咲かせる草花のことです。アサガオ、マリーゴールドなど。

秋まき一年草

耐寒性一年草ともいい、秋に種をまいて翌年の春に花を咲かせる草花のことです。パンジー、ワスレナグサ、ヤグルマギクなど。

春まき一年草の生育

マリーゴールド
種まき　開花　枯れる　種を保存
春　夏　秋　冬

秋まき一年草の生育

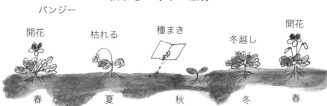

パンジー
開花　枯れる　種まき　冬越し　開花
春　夏　秋　冬　春

一年草と宿根草、多年草を組み合わせて花壇をつくろう

一年草の草花だけでなく、毎年花を咲かせてくれる宿根草、多年草を組み合わせて植えると、手間をかけずに楽しめます。小さな花壇を例に1年間の花壇の様子を見てみましょう。

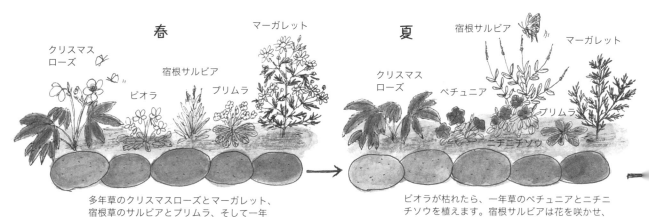

春
クリスマスローズ　ビオラ　宿根サルビア　プリムラ　マーガレット

多年草のクリスマスローズとマーガレット、宿根草のサルビアとプリムラ、そして一年草のビオラを植えます。

夏
クリスマスローズ　ペチュニア　宿根サルビア　ニチニチソウ　プリムラ　マーガレット

ビオラが枯れたら、一年草のペチュニアとニチニチソウを植えます。宿根サルビアは花を咲かせ、マーガレットとクリスマスローズは今年の花がおわりました。

宿根草と多年草ってどんな植物？

苗を植え付けると、枯れずに毎年花を咲かせる草花のことです。冬越しの際、葉を落とすものを宿根草、葉をつけたままのものを多年草といいます。両方をまとめて「多年草」とよぶこともあります。

株分けして植え直すとよい。

宿根草の根は生きていて、土の中で春の準備をしています。

宿根サルビア

春 夏 秋 冬 春 夏

宿根草の生育

植えっぱなしにしておくと大きく育ちすぎたり、茎がこみ合って花が少なくなったりします。植えて2～3年たったら株分けなどをして、株を植え直すとよいでしょう。宿根サルビア、プリムラなど。

多年草の生育

寒さに強い品種が多い。冬に枯れたようになることもありますが、春になり新芽が伸びると、また生長します。マーガレット、クリスマスローズなど。マーガレットは霜に注意。

クリスマスローズ

多年草は冬でも葉を伸ばして生長しています。

春 夏 秋 冬 春

ニチニチソウは暖かい部屋で冬越しさせれば、翌年も咲くことがあります。

二年草ってどんな植物？

種から芽がでて1年目では開花せず、2年目で開花して種ができ、枯れる草花。ジギタリス、カンパニュラなどが二年草です。

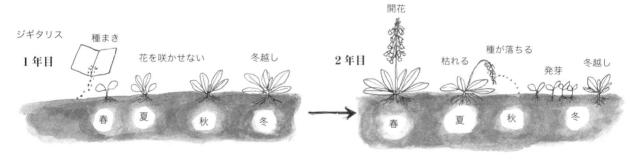

ジギタリス

1年目　種まき　花を咲かせない　冬越し

春 夏 秋 冬

2年目　開花　枯れる　種が落ちる　発芽　冬越し

春 夏 秋 冬

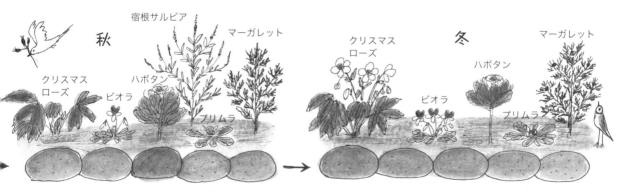

秋　宿根サルビア　マーガレット　クリスマスローズ　ビオラ　ハボタン　プリムラ

宿根サルビアは咲き続けますが、夏に植えた一年草は寒さで枯れてしまうので、ハボタンとビオラを植えて、少しちがう雰囲気に。

冬　クリスマスローズ　ハボタン　マーガレット　ビオラ　プリムラ

クリスマスローズは花が咲き、マーガレットは蕾のしたくをします。ハボタンは葉が落ちて背が高くなり、春になると花を咲かせます。プリムラは株の中心に蕾をつけはじめます。

211

花木

おもに花を楽しむ木を花木といいます。
サクラの開花は春を教えてくれますし、キンモクセイの香りは秋を感じさせてくれます。
いつも歩いている道も、よく見ると、四季をとおしていろいろな花が咲いているはずです。
草花とはひと味ちがう花木をちょっと見てみましょう。

白花

清楚な白い花は、とても
さわやかで、やさしい印
象です。

● ナツツバキ

● エゴノキ

● バイカウツギ

● カリン

桃花・赤花

やさしいピンクから華やかな赤まで、
赤系だけでもとてもいろいろな花色
があります。咲き進むと花の色が変
化するものもあります。

● アーモンド

● ハナカイドウ

常緑　落葉

常緑樹と落葉樹

樹木には、一年中葉をつけている常緑樹と、冬に葉を落として休眠する落葉樹があります。常緑樹は生け垣や目隠しに植え、冬に葉を落として日あたりがよくなる落葉樹は下に草花を植えても楽しめます。

●常緑樹
●落葉樹

黄花

黄色い花を見ていると元気がでます。春に咲くものが多く、春を告げる花という印象です。

●ギンヨウアカシア

●キブシ

●ゲッケイジュ

青花・紫花

木に咲く青や紫の花は少ないので、貴重です。土質により色が赤っぽくなることも。

●キリ

●ライラック

●フジ

気に入った花木は見つかりましたか？
身近な花木の、ちょっとおもしろい話をご紹介します。

白花

ナツツバキ
初夏にさわやかな白い花が
咲きます。別名シャラノキ。
花期6〜7月。

木の皮が
とれてきた！

大きく育つと樹皮が
むけてサルスベリの
ようになります。

エゴノキ
鈴のような小さな花がた
くさん咲き、朝と夕方に
やさしい香りがします。
花期5月〜6月。

実が緑色のうちにすり鉢でつぶして
水の中にいれると泡立ちます。昔は
洗濯などにつかわれていました。

バイカウツギ
暑い夏に甘くさわやかな香りを
漂わせます。花期6月〜7月。

中心はスポ
ンジみたい。

香りのよいベルエトワール
という品種。

ウメに似た花が咲き、茎が空洞
なので、梅花空木と書きます。

桃花・赤花

カリン
ボケと同じなかま。
実は果実酒やシロッ
プに。花期3〜5月。

ボケの実に
似ているよ

どちらも
よい香り

カリンには毛が
ありませんが、
マルメロには毛
があります。

カリン

マルメロ

アーモンド
4月頃、モモの花に似たひと回り大きな
花が咲きます。花後、小さなモモのよう
な実がなります。

実が4〜5cmになったら収穫して種をとり
だします。種を金づちなどで割って中身をと
りだし、フライパンで炒っていただきます。

ハナカイドウ
4〜5月にサクランボのような
軸の長い花が咲きます。リンゴ
のなかまで、リンゴの受粉のた
めに育てられることもあります。

りんごの木

たくさん
実ったの
は君のおかげ
だね

ありが
とう！

ハナカイドウ

いいえ

町の中にもたくさんの花木があるよ♪

日あたりや土質、手入れのしかたなどで、同じ植物でも生長に差がでます。

育てたい樹木が、どのくらい大きくなるのか、よく考えてから、選びましょう。

黄花

ギンヨウアカシア

通称ミモザ。鉢植えでも育てられますが、大きくなるので、庭植えの際には注意が必要。花期3〜4月。学名のミモザはオジギソウのこと。

イタリアでは3月8日にミモザを女性に贈ります。

できた種をまくと芽がでます。生長が早いので、3年くらいで花が咲くことも。

キブシ

花は3〜4月。黄色いかんざしのような花がたくさん咲き、春に山の雑木林で見られる。フジのような姿から木藤ともよばれる。

実

昔は、熟した実を黒い染料として、お歯黒などにつかいました。

ゲッケイジュ

花期は4〜5月。料理によくつかわれるハーブ。古代ギリシャでは勝利と栄光の象徴として葉で王冠をつくりました。

雄花　雌花　実

あまり知られていませんが、雄花と雌花があります。雌花は花の中心の雌しべが大きい。

青花・紫花

キリ

花色は紫色、花期は5〜6月。植えた覚えがないのに生えて大きな木に育ち、高級箪笥の材料にもなるキリ。生長が早く15年ほどで成木になります。

大きな実がひらくと、たくさんの小さな種がでてきます。種の周りには薄い膜があり、風に乗ってとんでいくようにできています。

風でとばされる。

ライラック

香りのよい青や紫の花を咲かせ、切り花でも楽しめます。花期4〜5月。

5枚！ラッキー！

ライラックの花びらは4枚ですが、たまに5枚のものを見かけます。5枚の花びらは幸運のしるしです。

フジ

日本固有種のフジは、ツルが右巻きのヤマフジと左巻きのノダフジがあります。ヤマフジは花序が短く、ノダフジは長く垂れます。花期4〜5月。

パチン

大きなさやが乾燥して弾けるときに音がなります。

右巻き

左巻き

果樹

好きなくだものは何ですか？
庭にいろいろな果樹を植えても楽しいし、
ベランダに鉢植えで小さな果樹園をつくってもいいですね。
鉢植えでも実がなりやすいものを中心にご紹介します。

ブルーベリー

ジューンベリー

ヒメリンゴ
＜黄王丸＞

ヒメリンゴ
＜アルプス乙女＞

ブドウ
＜デラウエア＞

グレープ
フルーツ

びわ

アボカド

216

ベランダは日あたりのよいところが多く、風とおし
もよいですが、夏場は照り返しで弱ってしまうこと
もあります。鉢植えをいくつか寄せておくことで、
お互いの陰で日ざしが弱まるなど、植物が水分を保
ちやすくなります。

ライム

レモン

キンカン

ストロベリーグアバ

イエローグアバ

サクランボ
＜暖地桜桃＞

ドワーフピーチ
＜ボナンザ＞

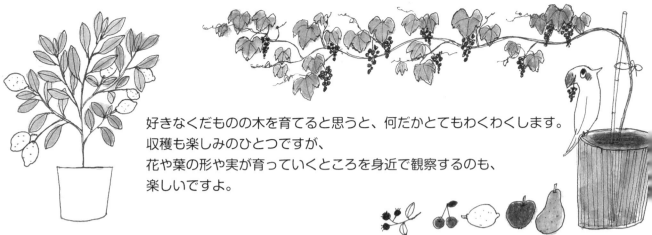

好きなくだものの木を育てると思うと、何だかとてもわくわくします。
収穫も楽しみのひとつですが、
花や葉の形や実が育っていくところを身近で観察するのも、
楽しいですよ。

育てやすいおすすめの果樹は？

果樹の種類はとてもたくさんあり、育てやすいものとそうでないものがあります。
好きなものを植えたいところですが、日あたりや、どのくらい大きく育つのか、
1本でも実がなるのかなどを考えてから果樹を選ぶことも、大切です。

ブドウ
つる性で、フェンスにからませたり、アサガオのようにあんどん仕立てにできます。鉢植えで小さく育てるなら、デラウエアやネオマスカットなどがおすすめです。

ブルーベリー
白い花と実、秋の紅葉が楽しめます。中部地方から北は寒さに強いハイブッシュ系、関東から南は暑さに強いラビットアイ系が育てやすいです。自家受粉しにくく、同じ系統の品種を複数いっしょに育てます。

ジューンベリー
株立で庭木としてよく植えられますが、鉢植えでもだいじょうぶ。春に白い花が咲き、初夏に実る赤い実は甘く、そのまま食べてもおいしいです。秋の紅葉も美しく、半日陰でもよく育ちます。

リンゴ類
自家受粉しないので、別の品種かハナカイドウなどといっしょに育てましょう。小さな実のなるクラブアップルやヒメリンゴはとても育てやすいです。

柑橘類
初夏に咲く柑橘類の花はとてもよい香りです。多くの品種があり、香りもさまざま。鉢植えでも庭植えでも育てられます。日なたを好みますが、半日陰ならキンカンやユズがよいでしょう。

グアバ
鉢植えでも育てやすく、実もよくなり、とても丈夫。初夏に白い花火のような花が咲きます。黄実のイエローグアバと赤実のストロベリーグアバなどがあります。

サクランボ類
サクランボは自家受粉しにくいので、ちがう品種をいっしょに植えますが、観賞用の暖地桜桃（だんちおうとう）なら1本でもよく実がなり、鉢植えでも育てられます。実は小粒ですが野性味があり、甘くておいしいです。

モモ類
1本でも収穫できる白鳳、あかつき、大久保などが育てやすいです。小さな実がなるドワーフピーチは鉢で育てやすく、とてもおすすめです。華やかな花も魅力的。

果樹の苗はどこで手にいれたらいいの？

秋になると園芸店やホームセンターで果樹の苗が売られています。少し高価ですが、実付きの鉢植えを選べば、すぐに楽しめます。また、珍しい種類のものは通信販売やインターネットなどでさがすのもよいですね。

果樹の苗いろいろ

「根巻き苗」という、麻布で根を包んだ庭植え用の苗があります。枝がささったような棒苗は落葉樹の果樹に多いです。つる性の苗や熱帯性の珍しい果樹の苗など、いろいろな形があります。

サクランボ
（暖地桜桃）

根巻き苗　棒苗

鉢植えで育てる果樹は植えかえがポイント

鉢植えは1年おきぐらいに植えかえをします。根を伸ばせる長さにかぎりがあり、植えかえのたびに根を切り、ひと回り小さくして新しい土で植えかえましょう。鉢の中で、新たに根を伸ばせます。

①鉢からとりだす。

②根をほぐし、ひと回り小さく切る。

大きくしたくないとき → ③同じ鉢に植えかえる。

大きくしたいとき → ③のびのびと根を伸ばせるように大きい鉢へ植えかえる。

秋は果樹の苗がたくさん店頭に並びます。鉢植えの育て方は基本的に同じです。

実付きの鉢のサクランボ（暖地桜桃）

実付きの鉢は実がなりやすいように剪定してあり、とても育てやすいです。

根巻き苗や棒苗を庭に植えると、木を大きくすることに力をつかい、実をつけるのに年月がかかります。鉢植えの方が早く実をつけます。

大きく育つので、なるべく大きな鉢に植え付けましょう。最低でも7号〜10号（直径約20〜30cm）の大きさです。

水は土の表面が乾いたらたっぷりと。いている果実がなっているときは水切れに注意。

ずっと実をつけておくと木が弱るので、早めに収穫することも大切なポイントです。

根巻きにつかわれている麻布ごと、そのまま土の中に植えてね！

培養土または赤玉土7割と腐葉土3割をまぜたもの。

鉢底石

鉢底ネット

水もたっぷりあたえます。

植え付けるとき、堆肥や腐葉土をすきこんでね！

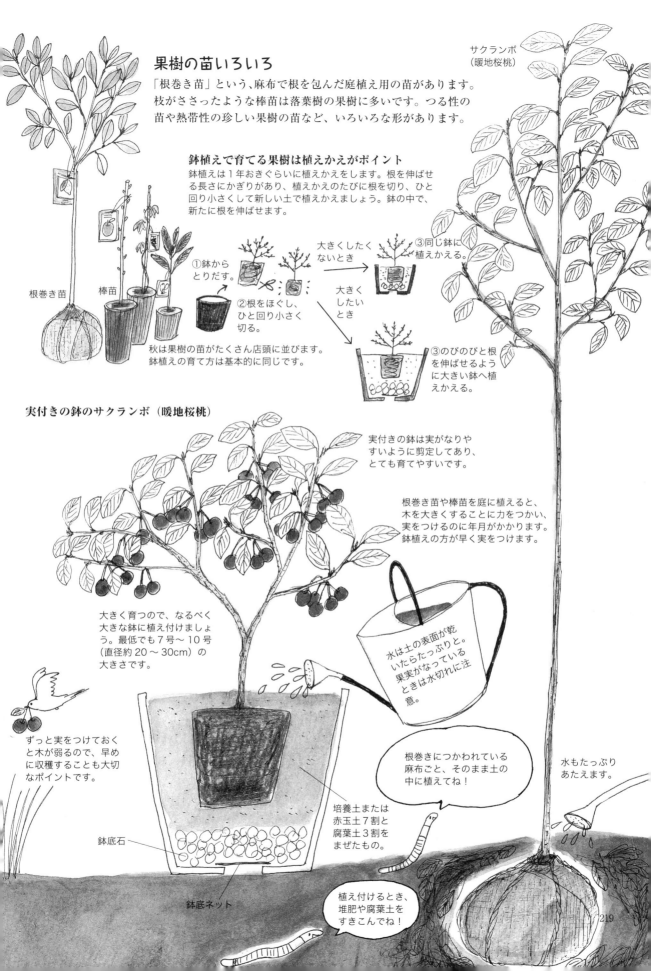

219

熱帯植物

植物園にいくと、大きく生長した熱帯の植物を見られます。
迫力がありすぎて気がつかないかもしれませんが、
ゴムの木やポトスなど、
よく見ると知っているものもたくさんあります。

バナナ

ベンガレンシス

エバー
フレッシュ

アンスリウム

ハイビスカス

ペペロミア

リュウビンタイ

モンステラ

220

ブーゲン
ビリア

ガジュマル

コウモリラン

スパティフィラム

ゴムの木

グズマニア

ポトス

これだけ大きく生長できるのは、
植物園の温室ならでは。日本で
はそれほど大きくならない熱帯
植物の、本来の大きさを観察す
るのもおもしろいですよ。

クワズイモ

インドボダイジュ

221

育てやすいもの、難しいものなど、
さまざまな熱帯植物があります。
葉を楽しむ観葉植物なら比較的簡単に育てられ、
何年も緑を楽しませてくれます。

インドボダイジュ

ポトス

森林の下の方で自生する熱帯植物は、半日陰のやわらかな日ざしを好みます。

観葉植物の育て方のポイント
A. おき場所は冷暖房の風の直接あたらない場所で。
B. 選んだ植物は生育環境をチェック。
C. 水やりは鉢の表面が乾いたらたっぷりと。
D. 肥料は春と秋にあたえます。

花　実

上手に育てると花が咲くことも。

通常の水やり以外に、霧吹きで葉などに水をあたえると乾燥やほこりが防げます。

カポック
日陰でもよく育ち、ときどき日光浴をさせれば、窓のない部屋でもだいじょうぶです。

ベンガレンシス
ベンガルゴムともいわれゴムのなかま。窓辺など比較的日のあたるところを好みます。

アンスリウム
赤、白、紫などの花が咲きます。花期も長く葉もきれい。日あたりを好みます。

肥料は春と秋に観葉植物用の固形肥料か、土にさす水溶性のアンプル型のものをあたえます。

観葉植物の選び方

葉の形、色や樹形などで選んでもよいし、育てる環境に合わせて選んでもよいでしょう。観葉植物や熱帯花木は1年をとおしてお店に並んでいますが、春から夏にかけては、品種も豊富でよく生長したきれいなものが多く、おすすめの時期です。

育てる環境で選ぼう

日あたりのよい窓辺など
花を楽しむグズマニア、スパティフィラム、アンスリウムなど半日陰を好むものはガラス越しの日光で育てましょう。

日陰や窓のないところなど
わりと日陰を好むものはアイビー、ポトス、シダ類、カポックなど。全く日があたらない場合は、週に2～3日は窓辺などに移動し日にあててやります。

植物の形で選ぼう

観葉植物は樹木のような形、草花のような形、多肉植物のような個性的な形など、さまざまあります。それぞれ育て方がちがうので、おき場所に注意しましょう。

葉の形や色で選ぼう

花ではなく葉を楽しむ観葉植物にはさまざまな葉色のものがあります。濃い緑、やわらかなライムグリーンの斑入り、赤葉、黒葉、銅葉、シルバーなど、好みのものをさがしましょう。

観葉植物Q&A

Q：植えかえはいつするの？

A：もともと暖かい気候で育つものが多く、冬は生長が遅いので、生長期の4～6月か、10～11月頃に植えかえましょう。

Q：病気や虫はだいじょうぶ？

A：室内は乾燥しやすく、温室コナジラミやアブラムシがつきやすいので、霧吹きなどで葉に水をあたえます。葉の色、土の様子などを日々観察して、予防につとめましょう。

Q：買ってきた観葉植物、家にきたら急に調子が悪くなったみたい……

A：環境の変化で葉が落ちたり黄色く変色することがあります。特に温室で育てられていたものは、部屋の温度差で弱ることもあるので、少しずつならしていきます。

Q：屋外でも室内でも育てられるものはありますか？

A：花を楽しむハイビスカス、ブーゲンビリアやストレチアなどは直射日光にも強く、関東以南なら屋外で冬越しできるものもあります。

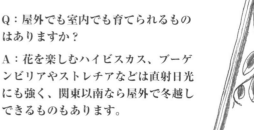

223

洋ラン

ランの種類は大きく分けて、
華やかなコチョウラン、シンビジューム、カトレアなどの洋ランと、
清楚なシュンラン、フウラン、セッコクなどの東洋ランがあります。
洋ランは育てるのが難しい印象がありますが、
育て方のこつをつかめば、花のもちもよく、
とても長く室内で楽しむことができます。

エピデンドラム
小さな花が、たく
さん集まって長く
咲きます。

ミニカトレア
小さな花の咲く
品種。花が大き
な品種よりも育
てやすい。

コチョウラン
お祝いの花ですが、
素朴な鉢で育てるの
もまたすてきです。

パフィオペディラム
花も魅力的ですが、
葉の模様もきれい
なものがあります。

フウラン
日本原産のランの
ひとつ。初夏に咲
く花はよい香り。

バンダ
標高の高いところで木にからみな
がら育つため、鉢に植えずに育て
ます。とても個性的。

オンシジューム
ひと株で、とても
たくさんの花を咲
かせます。

デンドロビューム
サイズが小さく花色
もとても豊富で寒さ
に強い。

シンビジューム
寒さにとても強く、関
東以南では軒下でも育
てられ、切り花にもで
きます。

熱帯原産の洋ランですが、暖かい窓辺などで育てることが
できます。まるで窓辺が小さな温室みたいで、楽しい気分
になりますね。洋ランにはたくさんの品種がありますが、
ここでは育てやすい品種をとりあげました。

225

洋ラン、東洋ランと分けられていますが、
日本と中国原産のものが東洋ラン、それ以外は洋ランに含まれます。
ここでは代表的な洋ランの、コチョウランとシンビジュームの育て方をご紹介します。

贈り物でいただいたら

ランは通気性のよい鉢の方がよく育ちます。ギフト用の鉢は、通気性の悪いものが多いので、花がおわったらそれぞれの苗をとりだし、素焼き鉢に植えかえましょう。

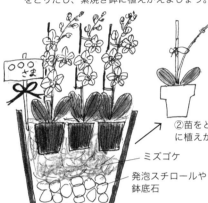

①ビニルポットに植えた苗がギフト用の鉢の中に寄せ植えされています。

ミズゴケ

発泡スチロールや鉢底石

②苗をとりだし素焼き鉢などに植えかえます。

こんなときはどうするの？

葉先が茶色く変色するのは、冷暖房の風に強くあたったり、日ざしが強すぎるためです。

切る

①はさみをつかうときは刃を火であぶって殺菌し、病気を予防。

②葉の形にそって切る。

③すっきりきれいな印象になります。

コチョウランってどんなラン？

樹木などに根をはって生きる着生ランのひとつで、東南アジア原産。花の形がチョウのように見えることからこの名前がつき、ファレノプシスともよばれています。

コチョウラン
胡蝶蘭
編

窓辺において、レースのカーテン越しに日をあてましょう。

花がおわったら
もう一度咲かせよう

コチョウランの茎には節があります。下から2〜3節目の上で切ると、そこから花芽が伸びて、3〜5カ月後に、二番花が咲きます。

4節
3節
2節
1節

どちらかの位置で切る。

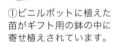

節

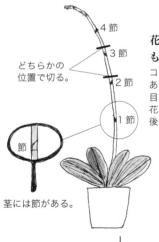

茎には節がある。

③
②
①

花芽

切ったところから花芽がでる。

高芽はここで切って、植えかえる。

高芽

茎から芽がでることがあり、高いところからでるので高芽とよばれます。葉が3〜4枚、根が4〜5本生えてきたら、切って鉢に植えかえると、苗として育てられます。

ミズゴケなどの植えこみ材が乾いたら、たっぷりと水をあたえる。鉢皿には水をためないように。

植えかえはいつ頃するの？

コチョウランやシンビジュームだけでなく、ランは3つのポイントを押さえて植えかえましょう。2～3年に1回、新芽が動きだす前の5月頃に植えかえます。

1 同じ植えかえ用土で

植えかえの用土は、もともとつかわれていた材料と同じものの方がよく育ちます。通気性のよい、バークチップやミズゴケ、軽石などをつかいます。

バークチップ

ミズゴケ

軽石

2 同じくらいの大きさの鉢に

ほかの草花とはちがい、ランは、大きめの鉢に植えかえるよりも、同じ大きさの鉢を選んだ方が、根がよく生長して花が咲きやすくなります。

①鉢からぬく。ぬけにくいときは鉢の縁を手でたたく。

ここをたたく。

②水をはったバケツに浸けて根をほぐす。

切る

切る

③折れたり、腐ったりしている根は切る。

バークチップ、ミズゴケ、軽石など

水はけをよくするため、鉢底石をしく。

鉢底ネット

④元の植えこみ材と同じ種類の用土をつかって、同じ大きさの鉢に植えこむ。

3 肥料はしばらくしてから

植えかえ後、根が落ち着いてきたら肥料をあたえます。2～3週間後が目安です。また、秋に洋ラン用の肥料か、油かすと骨粉などを株元にあたえます。

油かす

骨粉

ラン用の配合肥料

シンビジュームってどんなラン？

東南アジアの原種を改良したもので、花色も豊富。寒さに強く、手をかけなくても花を咲かせるので、ランの初心者向きです。花期がとても長く2～3カ月ほど。

シンビジューム編

病虫害について

すぐに薬をつかわずに、まずはよく観察して、手でとれる虫などはとりのぞきましょう。強い日にあたると葉焼けして黒っぽくなるので夏場の屋外では半日陰で育てましょう。

置き場

春～秋は屋外で育てられます。夏は強い日ざしをさけますが、明るいところで育てましょう。冬は室内の日あたりのよいところで。

ナメクジ

屋外はナメクジの被害にあいやすいです。ナメクジはビールが好きなので、ビールでおびき寄せてとりのぞくとよいでしょう。

葉芽

花芽

茎の根元にある、小さなタマネギのような、バルブとよばれる部分から春に新芽が伸びだします。太くて丸い芽が花芽、平らで先のとがった芽が葉芽です。

切り花でも長く楽しめます。

ランの中では寒さに強いので、暖かな九州地方では庭植えのシンビジュームを見かけることも。

山野草

山や野に咲く草花は清楚な印象ですね。
山の上で育つものから、家の近くで育つものまで、
さまざまな山野草があります。
繊細な印象のものが多いですが、厳しい自然の中で育つので、
丈夫で育てやすいものが多いです。

フウチソウ

ヒメトクサ

ミズヒキ

セキショウ

山野草の性質はさまざまです。木の下や岩陰など、それぞれの山野草が育つ場所を思い浮かべ、近い環境に植えましょう。

ハイゴケ

スミレ

ナデシコ

アザミ

ホタルブクロ

ユキノシタ

ヒメギボウシ

ドクダミ

庭にお気に入りの山野草を植えて山野草のコーナーをつくるのも
楽しいですね。スミレ、アザミ、タツナミソウなどは、一度植え
ると種が落ちて、いろいろなところから花が咲きます。

※山野草を育てるときは、野山の植物を採集するのではなく、
　園芸店の苗の方が育てやすく、おすすめです。

タツナミソウ

229

石を積んだ花壇など、地面より少し高くしてあるところに植えると
風とおしがよく、植物がよく育ちます。
また、好みの山野草を鉢に植えて並べ、山野草コーナーをつくっても楽しいです。
鉢植えなら玄関やベランダの一等席で、シーズンごとに花をとりかえて楽しめます。

種がとんでいろいろな
ところから芽がでるの
も楽しみのひとつ。

落葉樹の下は夏は涼しく、冬は
日があたり、落ち葉で覆われる、
とてもよい環境です。

庭に植えて

山野草は繊細な印象ですが、庭やベ
ランダでもよく育つ品種がたくさん
あります。自生していた環境を調べ、
植えるところを選びましょう。

ドクダミ
嫌いな人も多いの
ですが、鉢植えで
育てると印象がか
わります。夏に咲
く白い花も清楚。

タツナミソウ
名前のとおり、白と
紫の花は波が立って
いるようです。種が
こぼれてどんどんふ
えます。

フウチソウ
風になびく姿が
涼しげ。紅葉も
きれいです。

ホタルブクロ
庭植えにすると丈が
40～50cmになり
華やか。鉢植えは枝
などで支柱をすると
すてきです。

ヒメトクサ
湿地に自生してい
て、水盤でも育て
られ、コケ玉にも
向きます。夏の涼
しいイメージづく
りに役立ちます。

夏越しと冬越し

山野草の多くは、風とおしがよく涼しい場所を好むので、夏は、木陰へ移動したり、タープやよしずなどで日陰をつくってやりましょう。冬は、寒さよけに発泡スチロールの箱へまとめていれるとよいでしょう。

寄せ植えで華やかに

少し大きめの鉢に数種をいっしょに植え、自然の野山の風景などイメージすると楽しいです。

植えたては少しさみしいですが……。

生長すると、まるで自然の野山のよう！

水やり

小さな鉢植えは土が乾きやすいので、浅く水をはった大きめの鉢皿にいくつか並べて育ててもよいです。夏は水やりのほかに、朝夕の打ち水もしましょう。

庭やベランダに涼しい場所をつくり、花が咲きおわった山野草を休ませましょう。

ミズヒキ
丈夫で日陰でも育ち、種がこぼれてよくふえます。一輪挿しに似合います。

ヒメギボウシ
ふつうのギボウシよりも葉が細く涼しげ。白、紫などの花があります。

アザミ
暑さに強く花は秋まで楽しめます。花色は赤、白、桃色など。

ヒメユリ
1鉢でもとても存在感があります。球根植物ですが、種からでも3年目で花を咲かせます。

ナデシコ
大株に育ちますが、小さく植えてもかわいらしい。一重、八重、変わり咲きなどさまざまな品種があります。

多肉植物とサボテン

店頭では多肉植物とサボテンが、
同じコーナーに並んでいることが多いですね。
どちらもユニークな形や色で、
よく似ていますが、何がちがうのでしょう？

多肉植物コーナー

ケリー（ホヤ）

アロエディコトマ

クロホウシ

クロホウシ

アロエベラ

アロエベラ

キダチア

オブツーサ
（ハオルチア）

玉つづり
（セダム）

エケベリア

万象
（ハオルチア）

ユーフォルビア
バリダ

不夜城
（アロエ）

雷神
（アガベ）

滝の白糸
（アガベ）

オブツーサ
（ハオルチア）

乙女心
（セダム）

ガステリア

アデニウム

レフレクサム
（セダム）

十二巻
（ハオルチア）

月兎耳
（カランコエ）

神刀（クラッスラ）

ハナキリン

リトープス

ケリー（ホヤ）

グリーン
ネックレス

玉扇
（ハオルチア）

ロフォフォラ

銀葉錦
（コチドレン）

神刀
（クラッスラ）

アデニア
グラウカ

竜舌蘭
（リュウゼツラン）

緑の太鼓
（クセロシチオス）

亀甲竜
（ディオスコレア）

サボテンコーナー

ヒモサボテン

葉や茎などに水分をためている植物を多肉植物とよぶので、厳密にはサボテンも多肉植物に含まれます。でも、サボテンのなかまが非常に多いため、園芸ではサボテンとそのほかの多肉植物を分けています。

ドラゴンフルーツ

ウチワサボテン

柱サボテン

キンシャチ

黄金丸（マミラリア）

エピテランサ

フェロカクタス

緋牡丹 緋牡丹 緋牡丹

ステノカクタス

イワボタン イワボタン

カブトマル

ヒメハルボア

ウチワサボテン

布袋丸（ホテイマル）

竜神木 竜神木 黒王丸

サシノ ムサシノ

月世界 月世界

鸞鳳玉（ランポーギョク） ホマロケファラ 老楽 老楽

多肉植物はサボテンより水を必要としますが、小さいものは、寄せ植えで育てられます。

海王丸 海王丸 石化サボテン 石化サボテン ヒモサボテン ヒモサボテン

233

トゲのあるのがサボテンで、ないのが多肉植物だと思われがちですが、
トゲのある多肉植物もあります。
トゲの根元に刺座（しざ）という綿毛の座布団のようなものがあるのはサボテンで、
刺座がないのは多肉植物です。

夏と冬は苦手なの？

夏の高温や冬の霜や雪などにあたると弱ってしまう品種もありますが、冬型のアロエやエケベリア、ガステリアなど、ベランダや軒下で冬越しできる丈夫なものもあります。

夏は木陰などにおいて、涼しく。

多肉植物だよ！

トゲがあってもサボテンとはかぎらないよ。トゲの元に綿毛の座布団のようなふわふわしたものがなければ多肉植物なんだ。

寒さに弱い品種は部屋の窓辺で暖かく。

多肉植物は、トゲに刺座がない。

乾燥に強い多肉植物とサボテンですが、土の表面が乾いたら、水をたっぷりあたえましょう。ただし、夏と冬は控えめに。

ユーフォルビア（大雲閣）

植えかえ

2〜3年ごと、春か秋におこないます。

1 鉢からとりだす。

2 古い根を切って整理。

3 鉢の大きさはかえずに、新しい用土で植えかえる。

用土

用土は市販の多肉植物、サボテン用の培養土、または赤玉土6割に草花用の培養土を4割まぜてつくります。

培養土　赤玉土（小粒）

鉢底石　鉢底ネット

トゲに注意してね！

トゲが多いものを植えかえる
ときはてぶくろを。

ふやし方いろいろ

いろいろな方法でふやすことができます。
小さな葉っぱ1枚からでも育てられます。

サボテンだよ！

トゲが小さくても、トゲの
根元に綿毛のふわふわした
座布団（刺座）があれば、
サボテンだよ。

✳ 挿し木   ①水分が多いと
腐りやすいので、
1週間ほど切り
口を乾かす。 → ②鉢に
植え付け。

✳ 挿し葉

①葉を1枚とって、　②鉢にのせて、　③小さな子株がでます。

✳ 株分け ①小さな
子株を
とって、 → ②鉢に
植え付け。

✳ 種まき ①花の後、
種ができたら、 → ②浅い鉢に
種まき。

綿のようなふ
わふわしたも
のが刺座。

楽しみ方いろいろ

小さな苗も販売されているので寄せ
植えやリースにもできます。

小型の多肉植物は、
リース型の鉢に、
挿し木を寄せ植え。

形や色もさまざ
まな寄せ植えが
できます。

花もそれぞれ個性的。

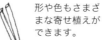

柱サボテン
（鬼面角）

こんなときはどうすればいいの？

大切に育てていても調子が悪いときは、よく観察して原
因をさがしてみましょう。

**2. 日陰において
ひょろひょろに**

日光不足です。日の
あたるところへ少し
ずつ移動します。

3. 黒くなってぐらぐら

根が腐りはじめています。
元気なところで切り、挿
し木をして植えかえます。

1. しわがよってぐったり

乾いてしわがよっている
ときは、水をたっぷりと
あたえます。

切る

鉢底石　鉢底ネット

235

食虫植物

植物なのに虫をつかまえて生きているなんて、とてもふしぎですね。
栄養分の少ない土地に自生していて、
さまざまな方法で虫をつかまえて、栄養分にしています。

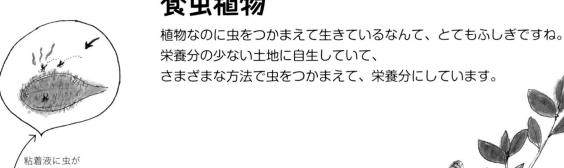

粘着液に虫が
はりつきます。

とてもかわいい花を
咲かせ、葉先に子株
ができます。

粘着式

葉の表面の毛についたネバネバ
した粘着液に虫をはりつけて消
化します。

ムシトリスミレ

モウセンゴケ

①螺旋状にねじれた根に
はすき間があって、中に
虫が迷いこむとでられな
くなります。

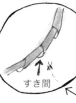

すき間

挟みこみ式

二枚貝のような葉の中に
虫が入ると葉が閉じて虫
をつかまえます。

葉の内側の小さな毛に
虫が短時間に2度ふれ
ると、葉が閉じます。

ハエトリグサ

人が指でさわっても
閉じますが、やりす
ぎると枯れてしまう
ので注意。

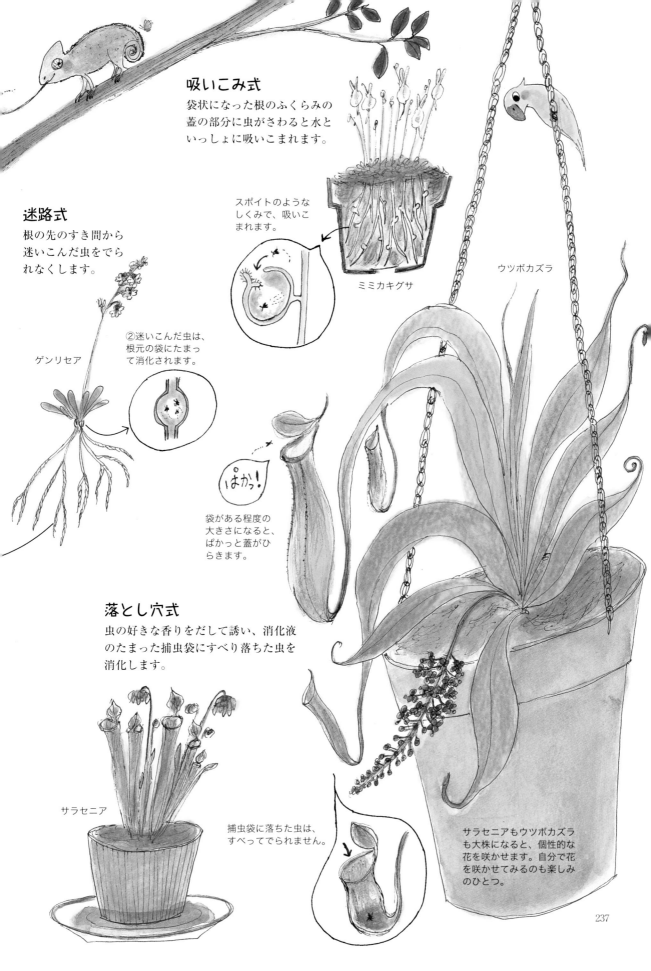

吸いこみ式

袋状になった根のふくらみの
蓋の部分に虫がさわると水と
いっしょに吸いこまれます。

スポイトのような
しくみで、吸いこ
まれます。

ミミカキグサ

ウツボカズラ

迷路式

根の先のすき間から
迷いこんだ虫をでら
れなくします。

②迷いこんだ虫は、
根元の袋にたまっ
て消化されます。

ゲンリセア

ぱかっ！

袋がある程度の
大きさになると、
ぱかっと蓋がひ
らきます。

落とし穴式

虫の好きな香りをだして誘い、消化液
のたまった捕虫袋にすべり落ちた虫を
消化します。

サラセニア

捕虫袋に落ちた虫は、
すべってでられません。

サラセニアもウツボカズラ
も大株になると、個性的な
花を咲かせます。自分で花
を咲かせてみるのも楽しみ
のひとつ。

性質や形がかわっているので、育てるのが難しいと思われがちな食虫植物。
しかし、暑さ、寒さに強いものも多く、花も咲きます。
大きく育てたら見たこともないようなふしぎな花を咲かせるかもしれませんね。

自生地はどんなところ

食虫植物は、種類によりますが、熱帯雨林から
寒冷地、低湿地から高山まで、幅広く自生して
います。日本でも見ることができます。

虫をむやみに袋の中に
いれないでね！

日々の手入れ

こつをつかんで、育てて
みると意外と簡単です。

おき場所は？

どの品種も日なたを好みますが、
夏の暑さと乾燥には注意が必要。
また、寒さに弱いウツボカズラ
やミミカキグサ、ムシトリスミ
レなどは室内の窓辺で、寒さに
強いサラセニアやハエトリグサ
などは軒下やベランダで、冬越
しができます。

水やり

湿地などに自
生しているも
のが多く、用
土が湿ってい
る状態にして
おくとよく育
ちます。

肥料はいらないよ

虫をとるのは不足している栄
養分を補給するためですが、
もともと栄養分の少ない土地
に自生しているので、肥料を
あたえる必要はありません。
虫をやる必要もありません。

サラセニア

モウセンゴケ

ハエトリグサ

腰水といい、鉢皿や
浅い器に水を少しい
れて食虫植物を育て
ると、水切れの心配
がなく安心です。

植えかえのし方

ミズゴケだけで、もしくは培養土にミズゴケをまぜたりと、品種により植えこむ用土はさまざまです。購入したときに植えてあった用土で植えかえましょう。また、乾燥した場所におくときは、ミズゴケと鉢底石だけで植えかえてもだいじょうぶです。

①鉢から、はずします。

②根を少し、くずします。

根の下を少し切る。

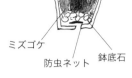
ミズゴケ
防虫ネット
鉢底石

③防虫ネットをしき、鉢底石を鉢の深さの1割ぐらいまでいれて、ミズゴケで植えこみます。

素焼き鉢
プラスチック鉢
背の高い鉢
つり鉢

垂れ下がるウツボカズラなどはつり鉢や背の高い鉢に植え、ムシトリスミレやモウセンゴケなどは、浅い鉢に植えましょう。素材は素焼き鉢でもプラスチック鉢でもだいじょうぶです。

どうやって入手するの？

春から夏にかけて多く出回ります。5月〜秋頃まで店先に並ぶことがありますので、園芸店やホームセンターで実際に目で見て、元気な苗を選びましょう。

珍しいものなどは、通信販売でも購入できます。

葉挿し（ムシトリスミレ）
12〜3月が適期

ミズゴケなどに挿します。

葉っぱ1枚から子株がでてきます。

ふやし方いろいろ

ふやし方は種類によってちがい、ムシトリスミレなどは葉挿しで、ミミカキグサやハエトリグサなどは株分けで、ウツボカズラは挿し穂でふやすことができます。

株分け（ハエトリグサ）
12〜2月が適期

①鉢から、はずします。

②そっと手で株を分けます。

③植え付けます。

株分け（ミミカキグサ）
2〜5月が適期

はさみで2つに切り分けて、根も少し切り、植え付けます。

挿し穂（ウツボカズラ）
6〜8月が適期

①長く伸びた枝に葉を2〜3枚残して、切ります。

②残った葉を半分ほど切り、下葉はとりのぞき、挿し穂をつくります。

③挿し穂をミズゴケに挿します。

④1〜2カ月で芽がでます。

千葉県の成東・東金や、尾瀬などでは、食虫植物が自生しています。自然の姿を観察すると、育て方のヒントになります。

ミミカキグサ
モウセンゴケ
タヌキモ
イシモチソウ

239

エアプランツのなかま

「エアプランツ」とは空気中の水分を吸収して育つ植物という意味で、
「気生植物」ともよばれています。
土の中に根を伸ばして育つ一般的な植物とちがい、
土を必要とせず、樹木や岩などに着生し、根を伸ばして育ちます。
パイナップルに近いなかまのチランジア属を総称して
「エアプランツ」とよびます。

キセログラフィカ
生長すると葉が外側
にくるくると巻いて
小玉スイカくらいに
なる大型品種。花も
きれいです。

エアプランツはパイナップルのなかまです。
一度花を咲かせると、もうその株からは花
を咲かせず、新しい株ができて花を咲かせ
ます。よく見るとパイナップルに似ている
ものもあります。

フェザーダスター
細い葉はよく広がり、
淡いピンク色の花も
かわいらしい。

パイナップルの花

ブルボーサ
水を好みます。
くねくね曲がっ
た葉がユニーク。

フックシー
針のように細い葉が魅力的。
生長すると全体が丸みをおび
て、線香花火のように美しい。

240

イオナンタ
紅葉がきれい。
花が咲きやすく
丈夫。

ブッツィー
斑模様でくねくね
した葉が特徴。生
長すると葉が長く
伸びてきます。

原産地では木や岩に
着生しているので、
夏は屋外の涼しい木
の下などにぶら下げ
て育てると、さらに
よいでしょう。

アエラントス
花がつきやすく華
やか。株もふえや
すく育てやすい。

カプト・メデューサ
ギリシャ神話の怪物が名前
の由来。大株に育ちます。

ウスネオイデス
生長はとてもゆっくり
ですが大株になります。
小さな薄緑色の花は香
りもよい。

241

エアプランツの自生地は霧やスコールが多く、
空気中の水分を葉から吸収できます。
日本の室内では冷暖房により乾燥するので、
枯らさないよう、水をしっかりやりましょう。
上手に育てると、花を咲かせるかも。
空気中から窒素を吸収できるので、肥料は少なめに。

どんなところで自生しているの？

ブラジル、メキシコ、ペルーなど、おもに中南
米の林に自生していて、木に着生しています。
サボテンや建物の柱に着生することもあります。
日ざしが強く、霧やスコールが多い気候が、自
生する地域に共通しています。

どこで手にいれるの？

園芸店やホームセンターなどで気軽
に手に入りますが、通販や即売会な
どで珍しい種類を手にいれるのも、
また楽しいです。

ふやし方

花後にできた子株が、親株
の2/3以上に生長したら、
切り離して株分けします。
一度花が咲いた株からは花
が咲かないので、この子株
をまた新たに育てます。

✂ 切る

種
綿毛

枯れた花

花後に種をつけることが
ありますが、生長が遅く、
発芽しても大きくなるま
でに4〜5年はかかりま
す。気長にまちましょう。

メラノクラテル

飾り方いろいろ

さまざまな楽しみ方ができるのも
エアプランツのよいところです。

流木にのせて寄せ植えに。

ガラスの容器にビー玉
などと合わせて。

つるでつくったリースにつけて。

ハンギングバスケット
の鉢にいれて。

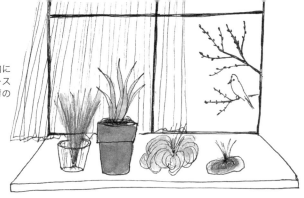

秋から冬は室内で
秋から冬は、日のあたる窓辺など室内に
おきますが、日ざしが強いときはレース
のカーテン越しに育てましょう。暖房の
風が直接あたらないように注意。

春から夏は屋外で
春から夏は、風とおしのよい
屋外で木の枝などにつるしま
す。直射日光は葉が傷むので、
半日陰で育てましょう。

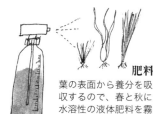

肥料
葉の表面から養分を吸
収するので、春と秋に
水溶性の液体肥料を霧
吹きでスプレーします。

日々の手入れ
1週間に2〜3回、霧吹きでたっぷりと水をあたえます。部屋で育て
ていて乾燥しすぎたら、ソーキングといって、6時間ほど常温の水に
つけます。エアプランツは水やりをしっかりすると長く楽しめます。

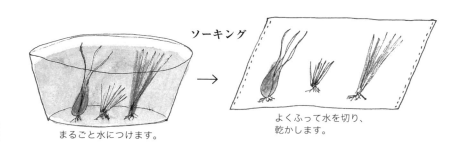

ソーキング

まるごと水につけます。

よくふって水を切り、
乾かします。

枯れ葉とり
外側の枯れた古い
葉は、はさみなど
で切りとります。

病虫害について
あまり病虫害は発生しませんが、乾燥しすぎたりすると、
ハダニやカイガラムシがつくこともあります。見つけ次第、
とりのぞきましょう。

もっとしっかり育ててみたい
着生植物のエアプランツは、おくだけでなく流木
や軽石、コルクなどに固定すると、根を伸ばして
着生します。ミズゴケをつかって鉢植えでも育て
られます。

流木

根が伸びてくる様子を観
察するのもおもしろい。

①コルクや流木、
軽石などを用意。

軽石

コルク

②麻ひもや針金
で固定。

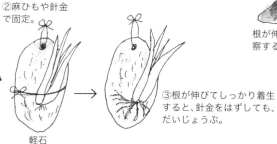

軽石

③根が伸びてしっかり着生
すると、針金をはずしても、
だいじょうぶ。

素焼き鉢

ミズゴケを用土につかい、
素焼き鉢に植えてもいい。

水生植物

水辺で育つ植物を水生植物といい、大きく５つの性質に分けられます。
性質により、それぞれ育て方がちがいます。
国内で自生しているところも多いので、観察にいくのも楽しいですよ。

●湿地性：土に湿り気が多くあるところに生育。トクサ、アヤメ、パピルスなど。

●抽水性：根が完全に水面下にあり、茎や葉が水中から水面上に伸びるもの。ハナショウブ、ガマ、カキツバタ、ショウブ、ハス、オモダカ、コウホネなど。

●浮葉性：根は水底、葉は水面で生育。スイレン、ジュンサイ、ミツガシワなど。

池がなくてもだいじょうぶ！

植物をスイレン鉢に直接植えこまず、ひとつずつ鉢植えにして沈めれば、水かえなどの管理は簡単です。自然な雰囲気のスイレン鉢にトンボが卵を産みつけることもあります。

室内やベランダの小さなスペースでも水生植物は簡単に楽しめます。

はった水から、蚊がわくことがあります。水かえを頻繁にするか、メダカやキンギョを飼ってボウフラを食べてもらいましょう。

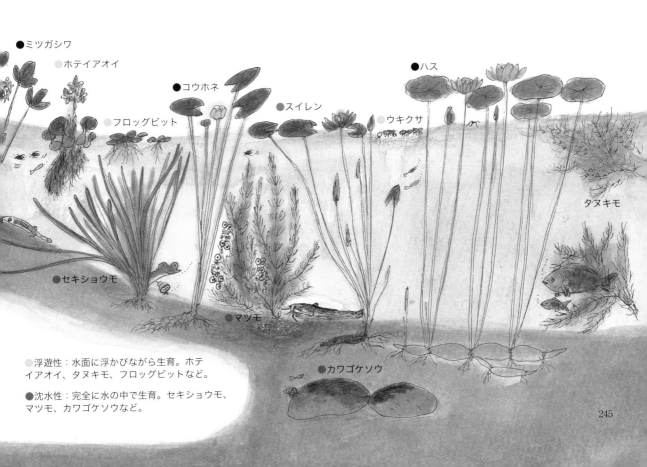

● ミツガシワ

● ホテイアオイ

● コウホネ

● ハス

フロッグビット

● スイレン

ウキクサ

タヌキモ

● セキショウモ

● マツモ

● カワゴケソウ

● 浮遊性：水面に浮かびながら生育。ホテイアオイ、タヌキモ、フロッグビットなど。

● 沈水性：完全に水の中で生育。セキショウモ、マツモ、カワゴケソウなど。

池や大きなスイレン鉢がなくても、種類を選んだり、容器をくふうすることで、小さなベランダでも、水生植物は育てられます。
水に浮かぶ葉を眺めているだけで、とても涼しい気分になります。

育てる場所
水生植物は日なたを好みますが、半日陰でも育てられるミズトクサやショウブなどもあります。

どんな水生植物が育てやすいの？
丈夫で育てやすいものが多く、育てる環境に合わせて選びます。はじめは、フロッグビットやキンギョモなどの、根をはらずに浮く草がおすすめです。

植え付けと植えかえ
スイレンやハスなどは、水をいれる容器に直に植え付けるのでなく、鉢に植えてから水をいれた容器に沈めます。水かえなどが楽にでき、植物が大きくなりすぎることを防げます。

1 植え付け
春が植え付けの適期です。ポット苗や、根をビニルで巻いた苗が販売されています。

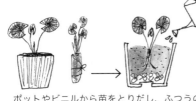

ポットやビニルから苗をとりだし、ふつうの草花と同じように、素焼き鉢に培養土で植え付け、水をあたえます。

2 土をなじませる
育てる容器とは別のバケツなどの容器に水をいれて、鉢ごと沈めます。

水にいれると、軽い土が浮いてきます。

3〜4回水をかえると用土が落ち着いて、水が濁らなくなります。育てる容器に静かに沈めて完成です。

3 植えかえ
毎年、春の新芽が伸びる前に、植えかえます。

切る

鉢からとりだし、根をくずして先を1/3ほど切り、肥料と新しい用土をいれた元の鉢に植えかえます。

「2」と同様に、バケツに沈めて土をなじませてから、育てる容器にいれます。

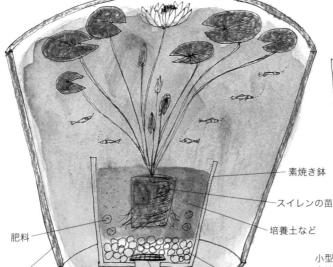

素焼き鉢
スイレンの苗
培養土など
肥料
スイレン鉢やバケツ
鉢底石
鉢底ネット

小型のヒメスイレンの場合、容器の大きさは直径30cm以上、深さ20cm以上が目安です。スイレン鉢がないときは、バケツや火鉢でもだいじょうぶ。

クレソン
フロッグビット

日陰で花が咲かないとき

スイレンをどうしても楽しみたいときは、葉をしっかり育てて造花を浮かべます。スイレンの造花は本物によく似ているものがあります。また、長もちするキクなどの花を浮かべても楽しめます。

造花

冬の水生植物

宿根草の水生植物は、冬には葉を枯らして休眠します。水を切らしてしまわないよう、1カ所に集めておくと忘れにくくなります。

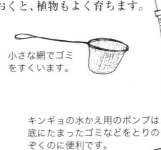

小さな窓辺でも楽しめます

日あたりのよい窓辺で浮き草を育て楽しんでもよいでしょう。八百屋さんで買った食用のクレソンを水にいれて育てることもできます。

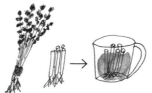
食べた後の根のついたクレソンを水に浸けておくと芽が伸びてくる。

根がなくても、水に浸けておくと1〜2週間ほどで根がでてくる。

スイレンとハスのちがいは？

一見、似ていますが、葉や花が水面に浮いているのがスイレン、水面から立ち上がっているのがハスです。また、根の形もちがいます。

スイレン

ハス

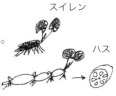
スイレン
ハス

いろいろな水生植物を育てたい

少し大きめの容器に水生植物を合わせて育てると、小さな池のようになります。深すぎるときには、レンガなどで高さを調整するとよいでしょう。

日々のそうじと水かえ

1週間に1回、1/2〜1/3ほど水を交換し、自然発生した藻やゴミをとりのぞいてきれいにしておくと、植物もよく育ちます。

小さな網でゴミをすくいます。

キンギョの水かえ用のポンプは底にたまったゴミなどをとりのぞくのに便利です。

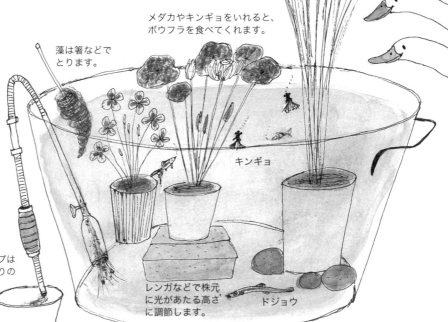
ヒメガマ
メダカやキンギョをいれると、ボウフラを食べてくれます。
藻は箸などでとります。
キンギョ
レンガなどで株元に光があたる高さに調節します。
ドジョウ

球根植物

球根は、根、茎、葉などの一部が肥大化したもので、植物が生長するための水分や養分を蓄えています。球根をもっている植物を球根植物といいます。

秋植え球根

秋（10〜12月）に植え付けて翌年の春に花を咲かせます。ヨーロッパ原産の、寒さに強いが暑さには弱い品種が多い。気温が上がると地上部を枯らして休眠します。

アネモネ
1色でもすてきですが、いろいろな色を合わせて植え付けると華やかです。切り花でも人気。

フリージア
黄花は特別によい香りで、ひとつあるだけで春の気分。丈夫でふえやすいです。

スノードロップ
春一番に咲く花。小さな鉢に寄せ植えしてもすてきです。

ハナニラ
半日陰などでもよく育ちます。丈夫でよくふえ、群生するとみごと。白、紫、桃色、黄色など、花色もさまざまです。

クロッカス
小さくてもとても華やかな花がいくつか咲きます。水栽培でも楽しめます。

ラナンキュラス
見た目はたよりない球根ですが、一度花を咲かせて定着すると、毎年みごとに咲いてくれます。

ユリ
春から夏への架け橋のような存在。背が高いものが多く、花壇の主人公です。香りのよい品種もたくさんあります。

ムスカリ
香りがよく、一度植えると、たくさんふえてとても丈夫です。

スイセン
背の高さ、開花時期など、品種によりさまざまです。植えっぱなしでもよく花が咲きます。

ヒアシンス
水栽培で楽しんだ次の年は、庭やプランターで。香りもよいです。

スノーフレーク
鈴のような花が清楚。丈夫で半日陰でもたくさん花を咲かせます。

チューリップ
代表的な球根植物。さまざまな品種があります。暑さに弱く、夏は掘り上げて、涼しいところで管理します。

夏植え球根

夏（8〜9月）に植え付けて秋に花を咲かせ、花後に葉を伸ばします。葉が伸びずに花茎が伸びるヒガンバナなどユニークなものもあります。

クルクマ
ショウガのなかまで、スイレンのような花が咲きます。暑さに強く、球根の形は個性的。中心の球根からぶら下がっている水球という養分をためるタンクが多いほど、よい球根です。

春植え球根

春（4〜5月）に植え付け、夏から花が咲き、晩秋に地上部が枯れます。暑さに強く華やかで丈夫な熱帯性の品種が多いです。

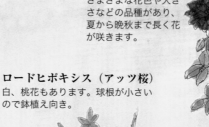

サフラン
貴重な雌しべは料理につかわれます。1g採集するのに約160個もの雌しべが必要。クロッカスのなかまで一度植えるとたくさんふえます。

ダリア
さまざまな花色や大きさなどの品種があり、夏から晩秋まで長く花が咲きます。

ロードヒポキシス（アッツ桜）
白、桃花もあります。球根が小さいので鉢植え向き。

オキザリス
カタバミともいわれ、一年草や多肉植物のような種類もあります。細かく分球してふえます。

ラケナリア
秋に芽をだして生長し、冬から春に花が咲きます。豊富な色は他の植物にはない色もたくさんあります。

コルチカム
大きな球根からは、土に埋めなくても花が咲いてしまいます。花後、葉が伸びてくるので、必ず土に埋めましょう。

ゼフィランサス
玉すだれともいわれ、日本に昔からある馴染み深い品種。

アマリリス
ヒガンバナのなかまでも大型。花が先に伸び、葉は後から生長します。水栽培のギフト用が有名ですが、庭植えでも育てられます。

グラジオラス
背が高くなるので花壇では後ろの方に植えます。華やかな花色で夏を彩りましょう。

カラー
畑地性と湿地性とありますが、共に湿り気のある土を好みます。夏は涼しくなる場所で育てます。

ネリネ
ヒガンバナのなかま。白、ピンク、赤、黄色など色も豊富。植えっぱなしでよく育ち群生するときれいです。

球根植物は、宿根草のように、一度植えると毎年楽しめます。
ころっとした塊の中に、きれいな花の素が入っているなんて、
うれしくなりますね。
次の季節を思い浮かべて、球根を植えましょう。

球根の選び方

手にもったときに、はりがあって
ずっしり重いものを選びましょう。

○ 皮にもつやがあり、傷が少なくきれいなものがよいです。

乾燥して軽いもの、傷が多くカビが
生えているものはさけましょう。小
さく分かれている球根は、花が小さ
かったり、咲かなかったりします。

種類選びのポイント

花の咲く時期や大きさ、花色や形、
香りなどは、種類によってさまざ
ま。植える場所や日あたり、すで
に植えてある植物などを考えて選
びましょう。

半日陰でも育つ球根は？

冬しか日があたらない落葉樹の下など、
半日陰でも花が咲く植物もあります。
それらの球根は、もちろん日あたりの
よいところでも育ちます。

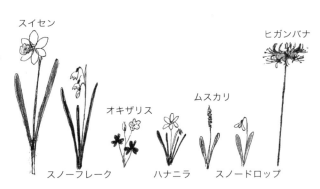

スイセン
ヒガンバナ
オキザリス
ムスカリ
スノーフレーク
ハナニラ
スノードロップ

植え付けの深さと間隔は？

球根の大きさや、生長したときの背丈によって、植える深さがかわります。
また、庭植えか鉢植えかによっても植える深さはかわります。

鉢植えは球根1個分ほどの深さに。

培養土

植え付けるときに堆肥や化成肥料を
土にまぜこみます。

スノードロップ
ヒアシンス
シクラメン
アマリリス

スイセン

アマリリスやシクラメンは多湿に
弱いので、球根の半分ほどが土の
外にでるくらい浅植えにします。

1
2
密集させたいのなら球根
1個分の間隔でもよい。

1
2
チューリップ

ユリは背が高く生長する
ので、深く植えます。
ユリ

隣の球根との間を2個分あけると、
葉がのびのび広がりバランスがよい。

0
cm
5
10
15

寄せ植えで楽しもう！

球根の植え付け後は、しばらく花が咲かないので、何となくさびしいものです。球根といっしょに好きな花の苗を寄せ植えすると、球根植物の花が咲くまで楽しめます。

チューリップの球根とパンジーを寄せ植えする。

パンジーの間からチューリップの花が咲く。

来年も花を咲かせるために

花が咲いた後は、葉を切らずに肥料をあたえて球根に栄養分を蓄えさせます。光合成のためには、葉は伸ばしたままの方がよいです。

来年のために葉を切らずに育てます。

葉が茶色く枯れてきたら切ります。

ネットなどにいれて軒下など雨のかからない涼しいところで保管します。

咲きおわる前に早めに切って、切り花で楽しむのもよいでしょう。

咲きおわった花は茎の根元から切り、化成肥料などをあたえます。

切る

スイセン、ムスカリなどの細長い葉は、支柱を立ててささえてあげてもよいでしょう。

スイセンやヒアシンス、スノードロップなどは、掘りあげずにそのまま土の中で越冬させます。

植え付けから掘りあげまで

チューリップやラナンキュラスなど多湿を嫌う植物は、葉が枯れたら球根を土の中から掘りあげて保管します。

チューリップの植え付けから掘りあげまでを見てみましょう。

チューリップ

花が咲きおわったら種ができないうちに茎元で切ります。

来年の花のため、球根が大きくなるよう肥料をあたえて葉を育てます。

切る

肥料

葉が茶色く枯れてきたら切ります。

葉が枯れたら掘りあげます。

植え付けてしばらくは、土の上に何も見えませんが、根は伸びています。鉢植えの場合は特に水やりを忘れずに。

251

ハーブ

ハーブとはラテン語で草という意味で、昔から薬や料理につかわれてきました。
効能を知っていると育てるのがもっと楽しくなります。
料理、お茶、風呂など、暮らしの中にとりいれてみましょう。

タイム（多年草）
寒さに強く、暑さには
弱いので、梅雨前に収
穫を兼ねて全体の高さ
の 1/3 に切り戻します。

ミント（宿根草）
ふえやすく、花壇がミント
だらけになってしまうので、
鉢で育てるのがおすすめ。

セージ（多年草）
50 〜 100cm の背
丈になり、花も美し
く、春か秋に挿し木
でふやせます。

ローズマリー（多年草）
葉は 1 年をとおして緑で、甘
くよい香りがします。風に強
く 60 〜 120cm の背丈にな
り、低めの生け垣にできます。

いつも食べているパスタに生バジルの葉を少しいれるだけで、本格的な気分になりますね。育てやすく、つかいやすいハーブを選んでみました。

チャイブ（球根植物）
丈夫で、一度植えれば毎年ふえます。バラの近くに植えると香りで虫を寄せつけないといわれています。

バジル（一年草）
5〜6月頃に種をまくか、苗を買って植え付けます。葉を多く収穫したいときは、伸びてきた花と芽はつみとります。

カモミール
ジャーマンカモミールは一年草、ローマンカモミールは多年草です。一度植えると、こぼれ種でふえます。

ラベンダー（多年草）
暑さに弱いので、梅雨前に収穫を兼ねて全体の高さの半分ほどに切り戻します。秋になるとまたぐんと伸びてきます。

オレガノ（多年草）
小低木で60〜90cmになります。日なたを好み、ピンクの花がとてもきれいです。

ローリエ（常緑樹）
ゲッケイジュともよばれ、半日陰でも育ちます。大きくなると、かわいい黄色の花が咲きます。

フェンネル（多年草）
背丈が1m以上になり、花がみごとです。秋に地際で切ると、また根元から新しい芽が伸びます。こぼれ種でふえます。

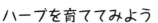

ハーブのやさしい自然の香りは、わたしたちを元気にしたり、
ゆったりした気分にしたりしてくれます。
ハーブとひと言でいっても種類はたくさんあり、
好みの種類をベランダや庭で育てておくと、料理などに役立ちます。

ハーブを育ててみよう

小さな花壇でも庭のすみでも、ハーブは育てられます。香りを楽しむのか、食べて楽しむのかなど、つかい方を考えて種類を選ぶとよいでしょう。

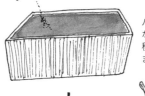

バジルやルッコラなどをたくさん収穫したいのなら種まきで。春か秋に。

発芽したら、小さなものから間引きます。間引いたものも食べられます。

身近なハーブいろいろ

いつも見なれている野菜の中にもハーブはたくさんあります。昔から薬味としてつかわれているシソ、サンショウ、ショウガ、アサツキなど、日本のハーブも毎日の生活にはかかせません。

日本のハーブはとても季節感があります。

庭がなくてもハーブガーデン

鉢植えにしたいいろいろなハーブを並べたり、ゲッケイジュやローズマリーなどの大きな鉢植えの足下にお好みのハーブを植えたりして、小さなハーブガーデンに。

ローズマリー

料理につかったり、香りを楽しんだり、楽しみ方はいろいろ。

ゲッケイジュ

カレーやポトフなどさまざまな煮こみ料理につかうので、一家に1鉢あると便利。

小さな花壇でもりっぱなハーブガーデンになります。ミント類は繁殖力が旺盛で他のハーブを弱らせてしまうので、鉢植えで育てましょう。

ミント

百種類以上もあるミント、いろいろ集めても楽しいです。

枝が下にしだれる品種と、上に伸びる木立性の品種があります。

半日陰でも元気に育つ、ハーブの王様。大きな鉢に植え、根元には好みのハーブを寄せ植えしましょう。

乾燥を好むのでベランダでよく育ちます。

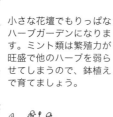

ハーブってどのようにつかうの？

食用、美容など、つかわれ方はさまざま。好きな香りを
毎日の生活にとりいれるだけでも、心が豊かになります。
簡単なつかい方をご紹介しましょう。

紅茶にミントの葉を数
枚、浮かべてさわやか
なミントティーに。

乾かしたいろんなハーブ
を切って器にいれ、部屋
中をよい香りに。

乾燥させたハーブは
瓶やビニルにいれて
乾燥剤をいれ保存で
きます。

ひもでつるし、
ドライフラワー
にして、少しず
つ切りながらつ
かうのもよいで
す。

洗面器にお湯を注
いでハーブをいれ
ればハンドバスに。

ハーブをいろいろ合わせて
小さな香りの花束にしたも
のをタッジーマッジーとい
います。すてきなプレゼン
トになります。

小さな布袋に好
みのハーブをつ
めて湯船に浮か
べ、ハーブバス。

ハーブバスを楽しむ

個性的な香りも多いので、初心者はハンドバス
やフットバスで、まずは香りを楽しむことから
はじめ、好きなハーブを見つけましょう。

大きめのたらいに
ハーブをいれてお
湯を注ぎ、ゆっく
りくつろぎます。

上手に育てるためには

ハーブはもともと野生に育っているものが多いので、
とても育てやすく丈夫です。上手に楽しむこつをご
紹介します。

**いつ頃から
はじめるの？**

いつからでも苗は育てら
れますが、春と秋は育て
やすい時期で、店によい
苗がたくさん並ぶので、
おすすめです。

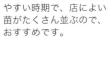

**苗から
育てよう！**

たくさん育てたいのなら、
種まきからですが、ポッ
ト苗からの方が、しっか
り育てられます。

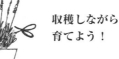

**収穫しながら
育てよう！**

ハーブは、収穫をしなが
ら楽しむものです。枝が
短くなっても、またそこ
から育ってゆくのが、楽
しいのです。

※体質によりハーブが合わないこともあります。体に合わないときはすぐに使用を中止してください。

ペットの好きな野草

身近な野草の中には、
小鳥やウサギなどのペットが食べられるものもあります。
ベランダや庭で野草を育てれば安心してあたえられますね。
ペットといっしょに、野草の育った庭で、
ランチや日なたぼっこをするのはとても楽しいですよ。

野草でも忘れずに水やり
をしましょう。

屋上緑化用の芝のマット

保水マット

防草シート

木箱

レンガ

屋上緑化用の芝のマット
の下に保水マットと防草
シートをしきます。

浅めの箱に芝マットを植え
付けても、野草を育てれば、
小さなペットの庭がつくれ
ます。

ベランダの一部を囲って、
ペットが好きな野草の種や
苗を植え付けて、野草の畑
をつくるのもいいですね。

小さなペットを遊ばせるときは、
カラスやネコに注意してください。
ぜったいに目を離さないでください。

大きめの鉢植えをおいて、
日よけや隠れ場所にします。

257

ケージの中で暮らすペットたちに、
おやつの野草をあげてみては？
天気のいい日に、野草をつみにでかけましょう。

ペットのおやつをさがそう！

新鮮な野草をもらうと、ペットも楽しい気分に！
野草はビタミンや繊維質などの栄養を補うおやつに
なります。ペットの種類によって食べられる野草は
ちがうので、図鑑などで必ず確認しましょう。

1. 似ている野草が多いので図鑑などで確認しましょう。
   よくわからないときは採取するのをやめましょう。
2. 道ばたの草などは、排気ガスや動物の糞、
   除草剤などの有害物質がついていることがあります。
3. 土地の所有者、管理者に許可を得て採取しましょう。
4. 病気で薬を飲んでいたり調子が悪いペットには、
   食べさせないようにしましょう。

大切な家族のおやつです。安全
が確認できる野草だけ採取しま
しょう。農薬などに注意。

オオバコ
4〜10月が食べ頃。ウ
サギ、モルモット、小鳥、
リクガメなどが、やわら
かい葉の部分を食べます。
栄養価が高い。

ハコベ
3〜5月が食べ頃。癖
がないので、さまざま
なペットが食べます。

シロツメクサ
3月〜6月が食べ頃。ウサギ、
モルモット、小鳥、リクガメ
などが食べますが、マメ科で
お腹にガスがたまりやすいの
で、ほどほどに。

エノコログサ
5〜11月が食べ頃。
穂は食べられません
が、茎や葉をウサギ、
モルモット、イヌ、
ネコなどが食べます。

ナズナ
3〜4月が食べ頃。ロゼット
状の若芽はやわらかいので、
ウサギ、モルモット、小鳥、
リクガメなどが好みます。

採取した後は…

野草の種をとってきて、プランターや鉢にまいて育てても
いいですね。大切な家族の一員が食べる野草を家庭菜園で
野菜といっしょに育ててもよいでしょう。

木箱などに…
ペットの食べられる野
草を木箱などに寄せ植
えしてもよいでしょう。

家で育てると安心です。
タンポポやオオバコの
ような宿根草なら一度
植え付けると数年収穫
できます。

種から？　苗から？
小さな苗のときにとってきて
植え付けてもよいし、種から
育ててもよく育つでしょう。

小さな鉢をいくつか並べて

寄せ植えにしなくても、小さな鉢
にそれぞれ植えてもよいでしょう。
花も咲いてかわいらしいです。

収穫した後は…

きれいに洗って、あたえましょう。あまったら、
ビニル袋などにいれて冷蔵庫の野菜室で保管
します。生花のように花瓶に生けても、干し
て乾かしても、しばらくもちます。

鮮度が大切なので、
できるだけ早めに
あたえます。

ペットにあたえてはいけない野草

小動物が食べると具合が悪くなる植物もあります。
飼っているペットが食べられる野草を、図鑑など
でしっかり調べてからあたえましょう。

キツネノボタン　　スギナ　　オナモミ　　ヨウシュ
ヤマゴボウ

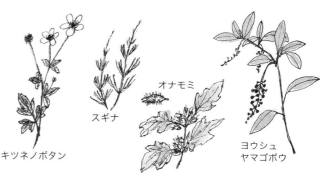

メシヒバ
初夏のやわらかい葉をネコやイヌ、
ウサギが好んで食べることが多い
です。胃の働きを助けます。

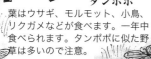

タンポポ
葉はウサギ、モルモット、小鳥、
リクガメなどが食べます。一年中
食べられます。タンポポに似た野
草は多いので注意。

レンゲ
4〜5月が食べ頃。ウサギ、モル
モット、リクガメなどが食べ
ますが、シロツメクサと同じマ
メ科なのでほどほどに。

コオニタビラコ
2月〜4月頃のやわ
らかい葉をウサギや
モルモットなどが好
みます。

ヤモリの足のような吸盤で壁にくっつきます。

つる性植物ののぼり方

周りの植物や岩などを支えにして生長するつる性植物は熱帯林に多く、
高い木に巻きつき、光を求めて上へのぼっていきます。
その性質を生かして、狭い場所でもいろいろなつる性植物を楽しめます。
いろいろなつる性植物のユニークなのぼり方を見てみましょう。

吸着根で
（ノウゼンカズラなど）
夏に華やかなオレンジや赤、
ピンクの花が咲く。ヒゲのよ
うな根を茎から生やし、吸盤
のようにはりつけてのぼる。

トゲをひっかけて
（サルトリイバラなど）
巻きひげもつかいますが、
茎にでているトゲを他の植
物にひっかけてのぼります。
カシワ餅をサルトリイバラ
の葉で包む地方もあります。

吸着根を無理矢理
はがすと壁などに
跡が残りやすい。

吸盤で
（ナツヅタなど）
秋の紅葉はとても
きれい。吸盤の吸
いつきが強く、と
ると跡が残ること
もある。

秋に赤い実がなり、
クリスマスの飾り
につかわれます。

大株になると、からみ
やすいよう、枝や茎も
くねくねしている。

**葉と捕虫器官の間の
つるを巻きつける
（ネペンテスなど）**
鉢植えで育てるネペンテ
スにとっては必要ないし
くみですが、自生地で株
を広げてゆくためには必
要な機能です。

**葉柄でからみつく
（クレマチスなど）**
葉柄をくるんと曲げて、
いたるところにからみ
つくので、植えかえの
ときは、とても手間が
かかります。

さらに、細い
巻きひげを伸
ばす品種もあ
ります。

**下垂して
（ツルニチニチソウなど）**
本来はつる性ではありま
せんが、高いところに植
えると下垂して育ちます。

つかまるところ
が見あたらず、
自分の茎につか
まってこんがら
かってしまうこ
ともあります。

1株で数本の花茎
を伸ばしますが、
お互いをつるで支
えているようです。

**葉の一部が巻きひげに
なっている
（スイートピーなど）**
上に向かって伸びた茎を支え
るように葉の先から細い巻き
ひげを伸ばしてからみます。

**葉の先でからむ
（バイモユリなど）**
花が咲くと、花を支え
るように、葉先がふれ
たものにくるりとから
むようになります。

**茎を巻きつける
（アサガオなど）**
つる性植物で一番多
い形態です、右巻き、
左巻きかは種により
ちがいます。

小さな空間でつる性植物を楽しもう

広い場所がなくても、つる性植物なら壁面などをつかって楽しめます。
日ざしの強いところで元気に育つものや、
日あたりのあまりよくないところでつるをぐんぐん伸ばすものなど、
さまざまな品種があります。
花や実のなる時期がちがうつる性植物を何種類か選んで育てると、
壁面の花壇を長い期間楽しめます。

夏に咲くブーゲンビリアは、秋にもう一度咲くことがあります。秋は花の色がさらに深くなり、きれいです。

アイビー
アサガオ
クレマチス
ブドウ
ブーゲンビリア
ツルニチニチソウ
ウツボカズラ

小さなベランダを緑でいっぱいにすると
暑い夏も涼しげな気分になります。

元気に
育てるために

植物はどんなところが好きなの？

植物が育つためには、
日あたりがよく、風とおしのよいことが基本ですが、
季節によっては、
日陰の場所がよいこともあります。
また、植物をおくのはさけたいところも……
家の周りをチェックしましょう。

日あたりのよいところ

家の周りで一番日のあたる場所
には、花期を迎えた草花を優先
的におきましょう。

ベランダ

日あたりと風とおしがよいのですが、夏の日光の
照り返しは要注意。オリーブやグアバなど、暖か
いところで育つ植物に向いています。

窓辺

窓辺に花があると、華やいで
見えます。下に水が流れない
ように鉢皿をおきましょう。

木陰

木陰は弱った植物などの
おき場によいでしょう。

玄関

家の顔です。大きな
鉢植えでシンボルツ
リーを楽しみましょう。

室外機の近く

エアコンの室外機からは、
夏は熱風、冬は寒風が吹
きだします。植物が傷ん
でしまうので要注意。

テラス、デッキと軒下

雨などによる泥はねがなく、冬の
霜害にもあいにくく、風とおしも
いいです。耐寒性のある植物の冬
越しに向きます。

風呂場
薄日がさす風呂場
なら、湿気を好む
植物をおけます。

シダ類

コウモリラン

ポトス

エアコンの風
夏でも冬でもエアコンの風が
直接あたる場所に植物をおく
のは控えましょう。傷んだり、
枯れたりの原因に！

出窓
出窓は小さな多肉
植物などを育てる
のに向いています。

バスルーム

水場
水場の近くで水生植物を
育てると、水かえのとき
に便利。

室内では…
観葉植物を育てたり、
寒さに弱い植物を冬場
に育てたりします。

冬ごし中！

クリスマスローズ

ギボウシ

半日陰の裏庭
基本的に植物が育ちにくいの
ですが、クリスマスローズや
ギボウシなどの植物なら育ち
ます。

265

水やりにくわしくなろう！

今まで元気なく下を向いていた葉が、ピンといきいきしてきます。
でもこの水やりは、簡単そうに見えてとても難しいところもあります。
「水やり３年」といわれるほど奥が深い水やりの
大事なポイントをご紹介します。

ホース
ジョウロ
ひしゃく

水の役割は？

植物は根から水分を吸収しますが、栄養分や、酸素なども、水といっしょに吸収しています。また、葉についたゴミを流したり、夏場は温度を下げる効果もあります。

水さし
バケツ

水やりの道具

ジョウロの先には蓮口とよばれるものがついていて、シャワーのように水が散ります。周囲をぬらしたくないときは、水さしをつかうと水がとび散りません。たくさん水をまくときは、ホースをつかうか、バケツに水をためてひしゃくでまきましょう。

水やりのタイミング

サボテンなどをのぞいて、土の表面が乾いたら、たっぷりと水をあたえるのが基本です。特に鉢植えには、鉢底から水がでてくるくらいあたえます。

× 花の上から水をかけないように。腐って病気の原因になることもあります。

根元に水がとどきにくいときは、ジョウロの蓮口を下に向けます。

× 夏の暑い時期や留守のときにはしかたありませんが、鉢皿にはあまり水をためないようにしましょう。根腐れの原因になります。

266

spring 春

多くの植物が花を咲かせる春は生長の季節です。水やりを忘れると、しおれて花が咲かないこともあるので注意。

Summer 夏

日ざしの強い日中に水やりをすると、あたえた水が高温になり、植物を傷めてしまいます。朝か夕方にしましょう。根元だけでなく葉や鉢の周りにも水をかけると、温度が下がり植物が快適に過ごせます。

植物をおいてある地面に打ち水をするのも効果的。

autumn 秋

気温が少しずつ下がりはじめますが、秋も植物たちは生長します。空気が乾燥しやすいので水を切らしてしまわないように。

季節でかわる水やり

植物は季節によって水やりのポイントが少しずつかわります。また、おいてある環境や健康状態をよく観察して水やりをしましょう。

winter 冬

気温の下がる夕方以降に水をあたえると、植物や土が凍りついてしまうことがあります。水やりは暖かな日中に。

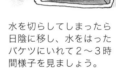

水を切らしてしまったら日陰に移し、水をはったバケツにいれて2〜3時間様子を見ましょう。

ジョウロとホース

広い場所や鉢植えがたくさんあるところは、ホースがおすすめ。庭の場合は、ホースとジョウロの両方があると便利です。乾いている鉢だけに水をやるときには、ジョウロが役立ちます。ベランダなど、小さな花壇や少ない鉢植えなら、4ℓぐらい入るジョウロがひとつあれば十分です。

ホースは1m単位の量り売りで買うよりも、リールに巻かれているものを買う方が、収納に便利です。

土が乾いていたら、植物の根元にたっぷりと水をあたえましょう。

土の基本

水はけがよくて水もちもよい土。
細かな土の粒が集まって小さな団子状の粒になった土に
腐葉土などがまざってできた土は、
粒と粒の間にすき間ができ、水や肥料をほどよく蓄えます。
この「団粒構造」が、よい土の条件です。
土を軽く手で握り、ほろほろとくずれるのが、よい土の目安です。

形や大きさ、性質などがちがう粒子が集まり、すき間が多く水分や肥料をよく蓄える団粒構造ができます。

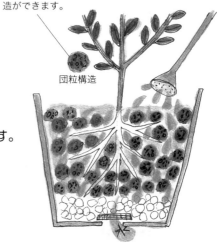

団粒構造

水をあたえるたびに土が少しずつ流れ、土の団粒構造は壊れていきます。すると、土が硬くなり水はけが悪くなるので、新しい土に植えかえます。

植物が育つための大切な土は、
基本用土と改良用土に大きく分けられます。

基本用土

土づくりの中心となるのが基本用土。基本用土を組み合わせて、
それぞれの植物に合った土をつくります。

黒土
関東地方に分布する火山灰土。軽くてやわらかく有機質と肥料分に富んでいます。庭土などさまざまな用土につかわれます。

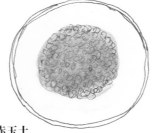

赤玉土
関東ローム層の赤土を粒の大きさで選別したもの。通気性、保水性に富み、園芸用土全般に幅広くつかわれています。

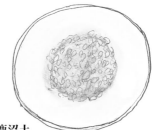

鹿沼土
有機質をあまり含まない酸性土。サツキ、ツツジ、ブルーベリーなど酸性を好む植物の栽培につかいます。

改良用土

基本用土にまぜ合わせて、さらに通気性、保水性をよくし、土に理想的な団粒構造をつくります。

バーミキュライト
蛭石を高温高圧処理した土。ほぼ無菌状態なので、挿し木の用土にもつかわれます。水はけ水もちもよい。

腐葉土
落ち葉などが発酵したもの。有機物を多く含み、微生物やミミズの働きをよくして土の団粒化を促します。

ピートモス
ミズゴケが堆積して発酵したもので、腐葉土に似た性質です。

苦土石灰
石灰石を焼いてくだいたもの。酸性の強い日本の土を中和して、植物が育ちやすくしてくれます。

くん炭
もみ殻をいぶして炭化させたもの。水はけをよくし、酸性土を中和する働きがあります。

培養土ってどんな土？

多くの植物が育ちやすいように、さまざまな用土をあらかじめブレンドしてある、とても便利な用土で、「培養土」や「草花の土」として販売されています。虫眼鏡などで観察すると、基本用土と改良用土、肥料などがいろいろと含まれていることがわかります。

ていねいに土を見ると、各メーカーの配合のちがいがわかり、とても興味深いですよ。

オリジナルの用土をつくってみよう

培養土の成分がわかったらオリジナルの用土をつくってみましょう。自分の手で土をまぜると、よい土とはどういう土なのかが感覚的にわかります。まるでおいしいハンバーグをつくっているような気分です。

赤玉土7割に腐葉土3割をまぜたものが基本の用土です。

古くなった土はどうすればいいの？

つかい古した土は、ふるいにかけて根などをとりのぞき、黒いビニル袋にいれて密封して、真夏の日光をよくあてて消毒します。改良用土と肥料をまぜてから、再使用します。

ふるいにかけて、黒いビニル袋にいれる。

真夏に1週間ほど、日光消毒。 →

用途に合わせて、堆肥や腐葉土、苦土石灰などをまぜ合わせる。

庭の土はつかえるの？

庭の土だけでは肥料分などが足りないので、ひと手間かけてから草花を植えましょう。

1 土を耕し、小石や根などをとりのぞき、土の質を見て、黒土、赤土、砂質、粘土質かを見極めます。

2 庭の土質に合わせてまぜる土を選び、土の質を改良します。

庭の土質	砂質	粘土質	赤玉土、黒土
まぜる土	堆肥、赤玉土	腐葉土、バーミキュライト	腐葉土、堆肥、くん炭
目的	水もちをよくする	水はけをよくする	土を軽くする

3 日本の土は酸性のところが多いので、苦土石灰をいれるとよいでしょう。

4 スコップや手板などをつかい、平らにならして、できあがり。

小さな鉢の中でも土の役割は大切!!

ひと手間加えた土は鉢植えにもつかえます。庭でつくった土をつかえると便利です。

肥料についてくわしくなろう

植物に栄養を吸われてしまった土に、足りなくなった栄養を補給するのが肥料です。
植物に必要な栄養のうち、
最も必要な窒素（N）、リン酸（P）、カリウム（K）の３つを肥料の三要素とよび、
この三要素のバランスを考えて、肥料を選びます。

葉が小さく色が薄いとき

窒素（N）の不足です。油かす、骨粉など
をあたえます。

特に窒素を必要とする植物は？
葉を楽しむための観葉植物や
葉もの野菜など。

花付きや実りが悪いとき

リン酸（P）の不足です。骨粉、鶏糞
などをあたえます。

特にリン酸を必要とする植物は？
大きな花をたくさん咲かせるバラやボタン
などの植物や果樹

肥料の袋にはN、P、K（窒素、リン酸、
カリウム）の割合が表示されています。
育てている植物に必要な成分をよく考え
て、肥料を選びましょう。

N　P　K
窒素6　リン酸10　カリウム5

弱って病気になりそうなとき

カリウム（K）の不足です。草木灰など
がおすすめ。根の生長がよくなり病気に
対する抵抗力がつきます。

季節のかわり目に！
元気のない植物に、活
力剤として春か秋にあ
たえましょう。

ぼくの糞も
肥料になるよ！

植物に必要な栄養と役割

栄養	役割
N（窒素）	葉や茎の生長に役立つので葉肥とよばれます。油かす、骨粉などに多く含まれます。不足すると葉が小さく、色が薄くなり、とりすぎると葉ばかり育ち花が咲かなかったり、病気になったりします。
P（リン酸）	花や実の生長に役立つので、花肥とか実肥とよばれます。骨粉、鶏糞などに多く含まれます。不足すると花付きが悪くなり、実がならなかったり、小さくなったりします。
K（カリウム）	根の生長に役立つので根肥とよばれ、暑さ寒さ、病気などに強くなります。草木灰などに多く含まれます。不足すると病虫害にかかりやすくなり、株が弱ります。

肥料の種類

肥料には大きく分けて２つあります。化学的な工
程をへてつくられる化成肥料と、有機物からつく
られる有機肥料です。

	原料・製法	効き目	その他
化学肥料	リン鉱石などから精製、もしくは工業的に合成してつくられた肥料です。	速い	価格が安く、臭いが少ないですが、あたえすぎると土が弱ります。
有機肥料	油かすなど、おもに動植物由来の有機物を原料とした肥料。発酵、腐熟させてつくります。	ゆっくり	価格は高めで、臭うものもあります。いろいろな有機肥料の配合に習熟が必要です。

固形肥料
固形の肥料はゆっくりと溶けて効いてゆくものが多く、小粒から大粒までさまざまなものがあります。

液体肥料
固形と比べて即効性があります。計量カップではかり、ジョウロで水やりのときにあたえます。

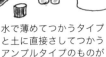

水で薄めてつかうタイプと土に直接さしてつかうアンプルタイプのものがあります。

肥料の形態と特徴

肥料には固形、液体、粉末のものがあり、生きた植物を植える緑肥というものもあります。成分によっても効果にちがいがあるので植物に合ったものを選ぶことが大切です。

緑肥
レンゲなどのマメ科植物の根には根粒とよばれるこぶがあり、根粒菌がすんでいて、空気中の窒素を植物が利用できるようにします。農地でレンゲなどを育て、土にすきこんで肥料にすることを緑肥といいます。花を楽しめて肥料にもなるのです。

粉末肥料
細かな粉末の肥料はさっと土に溶けて早く効きます。

クローバー　　　　　レンゲ

肥料はいつ頃あたえるの？

植物の種類や育て方、周囲の環境により、肥料のあたえ方は少しずつちがいますが、基本的には、植物が元気に生長する春と秋に肥料をあたえます。冬にあたえて春に効くようにする寒肥という方法もあります。

春　　　秋　　　冬

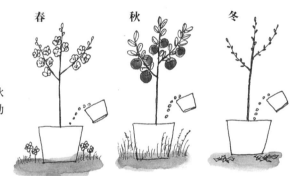

生育段階ごとにあたえる肥料

植え付けるとき、花が咲きおわったときなど、生育段階ごとにあたえる肥料には、それぞれ名前がついています。

元肥
植え付けや植えかえのとき、はじめにあたえる肥料です。

追肥
開花中やたくさん葉をしげらせているときなど、植物が生長していく途中であたえる肥料です。

お礼肥
花が咲きおわったときや、実がなった後などに「ありがとう」とお礼の意味をこめてあたえます。

肥料についてのポイント

たくさんあげると元気になるの？	あたえすぎは根を傷め、栄養過多で肥料焼けなどが起こります。適量を守ってあたえましょう。
使用期限はあるの？	特に使用期限はありませんが、劣化するものもあるので、早めにつかい切りましょう。
固形肥料のおき方は？	固形肥料は、水やりのたびに少しずつ溶けだします。株元から少し離れた土の表面におきましょう。

※肥料焼け：肥料のあたえすぎによって生育が悪くなったり、病気になりやすくなって、弱ること。

生長具合や鉢の大きさで肥料の量を考えます。

株元から少し離しておきます。

271

素焼き鉢
釉薬をかけずに低温で焼いたもので、通気性、透水性がよく、どんな植物にもつかえ、サイズが豊富です。

植木鉢は底に水はけのための穴がひらいています。この穴が、植物を植える器には必要です。

駄温鉢
素焼き鉢と似ていますが、鉢の縁に濃い茶色の釉薬がけてあり、高温で焼いてあるので素焼き鉢よりも丈夫です。

植木鉢の基本

花が咲いたとき、休眠期、
弱っているときなど、
そのときどきに合わせて
場所をかえられるのが、
鉢植えのよい点です。
植物の種類やおく場所、
和風にするか洋風にするかなど、
植えたときの仕上がりを
イメージして選びましょう。

陶器の鉢
カラフルでいろいろな植物と合わせやすい陶器の鉢。庭やベランダが楽しく華やかになります。

テラコッタ鉢
イタリア、中国、フランスなど、いろいろな国でつくられ、デザインや大きさも豊富。鉢底穴が小さいものもあるので、穴がふさがらないようにおきましょう。

軽石の鉢（自然石）
自然の軽石をつかったものは、植えて数年たつと、コケなどが生えて雰囲気がよくなります。

ブリキの鉢
見た目が他の鉢とちがうので、庭やベランダでアクセントになります。鉢の温度が上がりやすいので、夏場は涼しいところへ。

木製プランター
板材をつかったものや樽を利用したものなど、さまざまです。自分でつくってもいいですね。焼き物より耐久性は落ちますが、ペンキをぬり直して楽しめます。

鉢のカバーになるよ！

ブリキの鉢、木製プランター

鉢

鉢皿

プラスチック鉢
軽くてもち運びに便利。丈夫で壊れにくく、デザインも豊富で、苗を育てる小さなものから素焼き鉢風のものまで、いろいろあります。

ブリキの鉢や木製プランターは、植物を直接植えないで、鉢カバーとしてもつかえます。

鉢のサイズ

大きく育てたいからといって、大きすぎる鉢にしてしまうと、土の量が必要以上に多くなるので、常に土が水分を含んだ状態になって根腐れの原因になります。それぞれの植物に合ったサイズの鉢を選びましょう。

一般的なポット苗
サイズの目安は、植えかえる前の鉢の大きさの1.5倍くらいの鉢を用意します。号数は右の表を目安に。

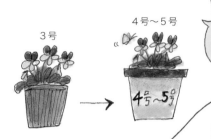

3号

4号～5号

4号～5号

鉢の号数と直径

3号 → 9cm
4号 → 12cm
5号 → 15cm
6号 → 18cm

1号、2号はとても小さいので、あまりつかうことはありません。

号数×3cm → 鉢の直径

割れた鉢でもつかえるの？

風でたおれたり、落として割れたり、素焼き鉢にトラブルはつきものです。割れた鉢のかけらは鉢底石にしたり、たくさんあれば庭にしきつめたりして、リサイクルできます。でも、大切な鉢は修理したいものですね。

鉢のサイズ選びのポイント

SOS

鉢が大きすぎると、水はけが悪くなります。

SOS

鉢が小さすぎると、すぐに根がはって、根づまりします。

植えかえた日をラベルに書いて、植えかえの目安に。

○○年○月○日

※割れた鉢の破片でけがをしないように注意しましょう。

水回り用のパテをつかって修復します。継ぎ目は残りますが、はみでたパテもよい雰囲気の味だと思いましょう。

穴のあいた古いジョウロに草花を植えて。

カップに土を満たして逆さまにし、土をいれた容器にいれて穴をあける方法もありますが、成功率が低いので、高価なものや大切なものは、さけましょう。

いろいろな器の鉢

かわった器に植物を植えると、見なれた植物がとても個性的な雰囲気になります。水はけのための鉢底穴があいていれば、鉢にできます。穴のない器は自分で穴をあけましょう。植え方は植木鉢と同様です。

きれいな缶詰や空き缶、ブリキのバケツなどの底に穴をあけて。多肉植物などに合います。

木のワイン箱やコーヒー豆が入っていた麻袋などは、穴をあけなくても、すき間から排水されます。

273

アサガオ

コスモス

ケイトウ

ヒマワリ

種まきいろいろやってみよう

花の形がさまざまなように、種の形もさまざまです。
苗からの方が育てやすいですが、初心者が種から育てられる品種もあります。
1粒の種がどのように育っていくのか観察するのは、とても楽しいものです。

ポピー

ヤグルマギク

スイートピー

レンゲ

ヒャクニチソウ

種まきはいつ頃するの？

種には春まきと秋まきがあります。春まきはサクラの咲く4月頃から7月
ぐらいまで。生育もよく、失敗の少ないまき方です。秋まきはヒガンバナ
の咲く9月頃から10月中旬ぐらいまでです。冬に凍ってしまうことがあり、
まく時期が遅れると生長はとても遅れますが、寒さを乗りこえた苗は春に
よい花を咲かせます。

花の咲く頃に
種まき

ヒガンバナ
の咲く頃に
種まき

ビニルポット

素焼きの浅鉢

連結ポット

ジフィーナイン

セルトレイ

苗床容器

種まきの容器もさまざま

通常のビニルポットのほかに、いくつ
ものポットがつながった連結ポット、
苗床容器や素焼きの浅鉢、セルトレイ
やジフィーナインという種まき用の土
を圧縮したもの（水を含ませふくらま
せて使用）などをつかいます。

種のまき方

品種によってまき方がちがうものもありますが、すじまきは小粒から中粒、点まきは大粒、
ばらまきは小粒〜極小粒といったように、種の大きさでまき方をかえることが多いです。

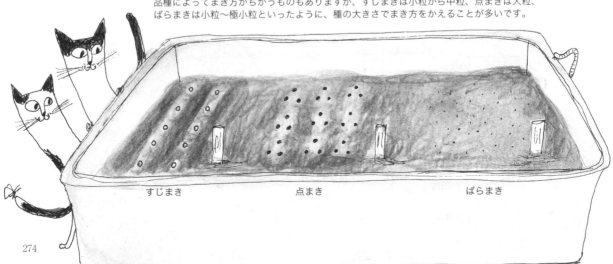

すじまき　　　　　点まき　　　　　ばらまき

種まきをしてみよう

初心者は、少し大きめの種を選んだ方がよいでしょう。春まきならマリーゴールド、アサガオ、ヒマワリなど、秋まきならスイートピーなどがおすすめ。種は小さいけれど、丈夫なワスレナグサなどもおすすめ。

細かい種は、折り目をいれた葉書などにのせて、少しずつまきましょう。

発芽するまでは、湿らせた新聞をかぶせ、乾燥を防ぎます。

1　まずは種を準備します。残った種は瓶などにいれ、冷暗所で保管しましょう。翌年ぐらいならつかえます。

2　浅鉢や苗床に培養土をいれて種をまき、軽く土をかぶせます。

3　上から水をやると流れてしまうので、鉢底から水をたっぷり吸わせます。

4　半日陰の涼しいところで管理。

ひ弱なものを間引きます。

肥料

本葉が10枚ぐらいになったら、鉢か庭に植えます。

5　芽がしっかり伸びたら、日あたりのよいところへ移して育てます。

6　本葉が生長してきたら肥料をあたえます。

7　本葉が4〜5枚になったら、ビニルポットに植えます。これを「ポット上げ」といいます。

8　鉢植えでも庭植えでも楽しめます。

種まきのポイント

種によって、日光を好むものや、まっすぐに根が伸びるものなど、いろいろな性質があります。性質に合ったまき方をしましょう。

日光を好む種と好まない種

発芽する際に太陽の光が必要な好光性種子とよばれる種子は、種まきの後、土をかけません。ニンジンやイチゴ、ジギタリスやレタス、プリムラなどが好光性種子です。

まっすぐに根が伸びる植物

直根性の植物は移植を嫌うので、苗床や仮のポットではなく、庭やプランターに直接まきます。ハナビシソウなどのケシ科の植物や、ヒマワリ、ルピナスなどが直根性です。

植物をふやしてみよう

種から育てるほかにも、
挿し穂、挿し芽、葉挿し、根挿し、株分け、とり木など、
さまざまなふやし方があります。
種から育てるのとちがい、植物の一部をふやすので、
遺伝的に全く同じ性質になります。
また、種から育てるよりも早く生長します。

挿し芽

挿し木の中で芽をさすものを挿し芽といいます。挿し芽の長さは5cm前後。上の芽を切ってから、土にさします。

上の芽は切る。

挿し穂

挿し穂につかう枝は、短いもので5cm前後、長いもので15cm前後に切ります。枝の下半分は土に埋めるので葉を切り落とし、上半分は葉先を半分切り落とします。

穂先を切る

葉先を半分切る

切り落とした葉の付け根から根が伸びてくることが多い。

下半分は土に埋めるので、葉を切り落とします。

ぐんぐん育つ春と秋が、植物をふやすのにむいているよ!

わきから新芽がでてくる頃には、土の中で根が伸びています。

株分け

大きくなると、根がこみいって養分の吸収が悪くなるので、花が咲きにくくなります。株分けをするとよみがえり、ふたたび勢いをつけて生長します。多年草は、生長具合を見て、数年ごとに株分けをしましょう。

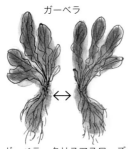

ガーベラ

ガーベラ、クリスマスローズなどの宿根草は、株の根元をはさみで切って分けます。

ジャーマンアイリス

ジャーマンアイリスなどは球根のような塊を手で分けます。

分球

スイセンなどは、植えて2～3年で、1個の球根からたくさんの球根をもった株に生長します。球根を分けることを分球といいます。

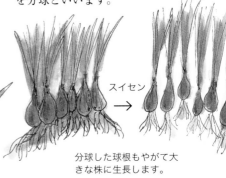

スイセン

分球した球根もやがて大きな株に生長します。

挿し木

落葉樹は、葉の落ちた冬の枝でも挿し木にできます。春になれば芽がでます。

→

葉芽の先を上にして植えます。天地をまちがえないように！

花芽のない元気な枝を10〜15cmほどの長さに切って、挿し木にします。

地上で新芽が伸びてくる頃、土の中でも根がでてきます。

葉挿し

多肉植物、セントポーリアなどの特殊な植物にかぎりますが、葉を直接、土にさしてふやすものもあります。

葉の大きさの1/3〜1/2ほどを土にさします。

土に接しているところに小さな子株ができます。

根挿し

タンポポ、アザミなどは、根の一部を切って土の中に植えこんでふやします。根の天地をまちがえないように植えましょう。

土の中に全部埋めこみます。

剪定した枝を捨てないで水にさしておくと、いつのまにか根がでていることがあります。ちょっとうれしいですね。

上はゆるく、下はしっかり。

高とり木

木の高い位置で皮を少しはがしてミズゴケなどで巻き、ビニルで覆います。水をあたえるため、上はゆるく麻ひもなどで結び、下はしっかりと結びます。しばらくすると根が伸びてくるので、親株から切り離し、鉢に植えます。

水挿し

アイビーやネコヤナギ、アジサイ、ミントなどは、水の中に枝をさしておくだけで根がでます。根がたくさん伸びてきたら土に植えましょう。

アイビー

ユキヤナギ

とり木

枝の一部を土の中にいれて針金などで固定すると、そこから根が伸びてきます。

針金などで固定。

ゴム

277

植え付けと植えかえをしてみよう

鉢植えや苗を新たに庭や植木鉢に植えることを植え付けといいます。
植物が生長したため大きな植木鉢に植え直したり、
庭植えの植物を別のところに植え直すことを植えかえといいます。

どんなときに植えかえるの

植物が育つには根が伸びる十分なスペースと水分、栄養分が必要です。
鉢植えは1～2年で生長して、植木鉢の中が根でいっぱいになります。
根がいっぱいにはると元気に育たなくなるので、植えかえをします。

水やりのときに水と用土が
あふれないよう、鉢の縁よ
り2～3cm下の位置まで
土をいれます。このスペー
スをウォータースペースと
いいます。

ウォータースペース
2～3cm

①鉢穴から根がでてきたら
「根がいっぱいになった」
というサインです。これを
「根詰まり」といいます。

②鉢の横を軽く手
でたたいて植物を
とりだします。

③根をはさみで切って、
ひと回り小さくします。

④あまり大きく
したくないとき
は、元の植木鉢
に植え戻します。

④大きく育てたいときは
大きな植木鉢に植えかえ
ます。鉢の大きさは根の
大きさの1.5倍までにし
ましょう。

植え付けのし方

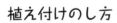

苗をビニルポットからとり
だしたとき、よく根がはっ
ているものがよい苗です。
花の咲いている苗は根をく
ずさないで植え付けるとよ
いでしょう。

×

苗の土の上部を
「肩」といいます。

浅植え
浅く植えすぎて肩が土の
上にでています。ただし、
シクラメンやアマリリス
などは浅植えにします。

×

深植え
深く植えすぎて茎や葉
の部分まで土の中に。
ただし、ユリなどは深
植えにします。

○

ちょうどいい植え方
ほとんどの植物は、
このように植えると
よく育ちます。

花壇や庭に植えるときは

まず花壇に並べてみましょう。背丈が高いものが後ろになるように並べると生長したときに手前の花もよく見えて花壇のバランスがよいです。

土を耕す
植え付けの前に、花壇の土をスコップなどでよく耕して、堆肥や腐葉土をまぜておくとよいでしょう。

間隔をあける
品種にもよりますが、一年草なら、鉢の大きさの1.5個分ぐらい隣との間をあけて植えると、よく生長します。

植え付け植えかえ Q&A

Q1 お店で苗を買ってきたら、何日以内に植えたらいいの？

1週間程度ならだいじょうぶです。風とおしと日あたりのよいところで管理してください。水やりは忘れずに。いくつかあるときには、間をあけて保管してください。咲きおわった花、傷んだ葉はとりのぞきます。

Q2 古くなった土は、どうやって処分するの？

庭に戻すか、腐葉土、堆肥などの土壌改良材をまぜて再利用しましょう。ゴミとして捨てるときは、各自治体に問い合わせましょう。

Q3 植えたところから植物を移動させるときはどうするの？

春か秋にしましょう。根を大きめに掘りあげ、必要に応じて根や葉、茎などを整理し、すぐに植えかえます。すぐに植えられないときは鉢に仮植えしましょう。

ちょっとまっててね！

新しくなったね！

大きく掘るから大丈夫！

病気や虫などで困る前に

病気と虫害の予防や早期発見はとても大切です。
少し意識して観察しましょう。
早めに気づけば、
傷んだ葉をとりのぞくだけでだいじょうぶなこともあります。
季節のかわり目に体調をくずしやすいので、
梅雨時や夏のおわりは特に気をつけましょう。

SOS!

ハダニ
空気が乾燥すると発生しやすく、
葉の汁を吸うので、葉が白っぽく
かさかさになります。葉に水をか
けることで予防できます。

虫害、病気予防のポイント

1 日々の手入れをていねいに
水やり、花がらつみ、枯れ葉とり、施肥など
をていねいにやりましょう。

2 快適な環境
こみいった枝を剪定し、日あたりや風とおしを
よくします。季節のかわり目など、植物にいつ
もとちがうところがないか観察しましょう。

3 早期発見
日々観察して変化に気づき、虫などを
早めにとりのぞきましょう。

※虫などに直接さわらないようにしましょう。

アブラムシ
一年中発生し、群棲して植物の汁を
吸います。特に新芽などのやわらか
いところが好き。体の色はさまざま
です。見つけたら、手かやわらかい
布でとりのぞきます。

アリ
春から秋に多く、鉢植えの中に
巣をつくられると、根が育ちに
くくなります。庭木の幹や枝の
中に巣をつくり、木が枯れるこ
ともあります。巣を見つけたら
とりのぞきましょう。

毛虫、青虫など
チョウやガの幼虫で、春と秋に
葉や花を食べます。見つけ次第
とりのぞきます。幼虫が小さい
うちに発見しましょう。

チュウレンジハバチ
（成虫）

虫はどこにいるの？
葉の裏、花の中、土の中など
に隠れていたり、周りの色に
同化していることも多いので、
じっくり観察しましょう。虫
眼鏡をつかうとよいです。

いろいろな色や形
のカイガラムシが
いるよ。

カイガラムシ
一年中発生し植物の汁を吸いま
す。木の幹や枝、葉にはりつき、
おしりからでる蜜をアリにあげ、
敵から身を守ってもらいます。
見つけたら歯ブラシなどでこす
り落としましょう。

あ！

ヨトウガ（成虫）

ヨトウムシ
日中は土の中などに潜み、夜にでてきて
葉を食べるので、夜、見回りをして、と
りのぞきます。

ナメクジ
冬をのぞき通年いますが、梅雨時に多いです。
花や新芽を好み、とおった後が白く光ります。
昼間は鉢底や葉の裏などに隠れているので、
見つけ次第、とりのぞきましょう。

うどんこ病

春と秋。うどんこを
まぶしたように白く
なり、重症になると
葉が落ちます。乾燥
すると発生しやすい。

予防法

枝を間引いたり、場所をかえ
たりして、風とおしをよくし
ましょう。発生してしまった
ら、病気の葉をできるかぎり
つんでしまいましょう。

病気になった部分は
元に戻らないので、
新しく芽などが伸び
て回復するのをまち
ます。

果樹に発生する
こともあります。
かかったものは、
とりのぞきます。

黒星病

一年中発生しますが梅雨
時に多いです。黒や褐色
のシミや点ができます。

予防法

他の葉に伝染するのでと
りのぞきます。泥はね防
止や寒さから守るため、
根元に敷きわらなどでマ
ルチングをします。

発症した葉は、
黄色く変色し
て落ちます。

かかりやすい病気発見！

人間の病気は予防が肝心。
植物も同じです。
おもな病気と予防法を
ご紹介します。

モザイク病

春～秋。葉の表面がモザイク模様に
なり、縮んで変形します。おもに虫
が媒介するウイルスが原因です。

予防法

虫を防ぐためのマルチシートを根元
にしき、虫を見つけたらとりのぞき、
道具もよく消毒します。

キュウリやトマトの実
も感染するので注意。

すす病

春～秋。葉や茎に黒く
すすがついたようにな
ります。アブラムシや
コナジラミの排泄物を
栄養にして菌が繁殖し
ます。

柑橘類の実にも見られる
ことがあり、汚れたよう
に黒ずんできます。

予防法

カイガラムシやアブラムシが発生源
なのでふだんから注意し、見つけ
たらとりのぞきます。手でこすりなが
ら水で洗います。風とおしもよくし
ましょう。

実が感染したら、他の葉や
実にうつるので、とりのぞ
きます。

灰色カビ病

春～梅雨。茎や葉、花が
腐ったようになり、全体
がカビに覆われます。

予防法

しげりすぎた枝葉は間引き、
花がらつみや枯れ葉とりを
こまめにしましょう。植え
る間隔を十分にとります。

ナシやリンゴにうつる。

ビャクシン属
の植物

毛のようなものが
でてくる。

赤星病

春～梅雨時。葉の表面にオレ
ンジ色の斑点ができて赤褐色
になり、毛のようなものがで
てきます。菌はビャクシン属
の葉で越冬し、春からナシや
リンゴに伝染する。

発症してしまっ
た葉はとりのぞ
きます。

予防法

赤星病になりやすいナシ、ボケ、
リンゴなどの近くに、ビャクシン
属の植物を植えないようにします。

立ち枯れ病

春～梅雨前に多く、株の生長が悪くなり、
しおれて枯れてしまいます。

一度立ち枯れ病が
でたら根をとりの
ぞき、土をいれか
え、木酢液などで
消毒します。

予防法

土の中の細菌によるので、
土の消毒をします。同じ
ところに同じ種をまく連
作はさけましょう。

道具をつかって
アブラムシ、カイガラムシなどは古い歯ブラシで、すす病はスポンジなどで、とりのぞきます。やわらかい草花には、筆も役立ちます。毛虫などをつかんだり細かい虫をとるときは、ピンセットをつかいます。

牛乳で
アブラムシには、牛乳を霧吹きで吹きつけ、乾いたら水で洗い流します。牛乳の膜がアブラムシを窒息させます。日ざしの強い時間はさけて、朝や夕方に。

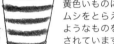

アブラムシを食べてくれる虫もとらえてしまうので注意。

罠をつかって
黄色いものに集まってくるアブラムシをとらえます。接着テープのようなものをぶら下げる罠が市販されています。

薬をつかわず虫対策！
植物が弱っていると、つい薬をつかいたくなりますが、薬をまけば植物を食べる虫だけでなく、植物の役に立っている生きものにも影響があります。なるべく薬にたよらない方法をおすすめします。

小さな生きものたちにお願いする
テントウムシ、クモ、カエル、トカゲ、ヤモリ、カマキリ、トンボなど、虫を食べてくれる生きものを大切にしましょう。

レチシート
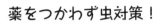

ビールで誘って！
ナメクジにはビールをつかいます。ビールを小皿にいれて、夕方庭におき、集まってきたナメクジを、とりのぞきます。そのままにしておくと、ビールだけ飲んで帰ってしまうので注意。

コンパニオンプランツを利用して
虫が近寄りにくくなるといわれるマリーゴールド、ニンニク、カモミールなどの植物を近くに植えましょう。

水の勢いで
アブラムシや小さな毛虫ならホースのシャワーで落とすこともできます。

草木灰で
肥料としての役割もありますが、植物にふりかけると葉の表面がアルカリ性になり病原菌を寄せつけにくくなります。また灰の匂いを嫌って虫も近づきにくくなります。

薬をつかわなくてはいけないときは？

大量に虫や病気が発生したときは、薬をつかわざるをえません。
状況をよく見極めて、最小限の使用に留めましょう。

1 もう一度、植物の状態をよく観察。

2 病虫害にくわしい人や園芸店に相談しましょう。写真を見せたり、病気の葉や虫を実際にもっていくとよいです。

3 薬は用法、用量を守りましょう。強い薬を一度にあたえると植物を傷めるので、数回に分けてあたえ、ゆっくり治します。植物用ではない殺虫剤は使用不可。

283

庭づくり、家族で上手にはじめられたようですね。
育ててみたい植物や庭づくりのイメージは、
人それぞれですが、
ていねいに植物の手入れをして、
季節ごとの庭を楽しめれば、それでよいのです。

いろいろなくだものの実が
たくさんなって
うれしいな。
来年も収穫が楽しみ！

早春はクリスマスローズ、
春から秋はハーブが
楽しめるの。
料理に生のハーブをつかうと
ぐっとおいしくなるのね。

オリーブの下で
お昼寝するのは
最高だワン！

いろんなヒマワリを
庭で楽しめるなんて、
うれしい。
植物がいろいろあるから、
小鳥たちも遊びにきたよ!

春にはたくさんのバラが咲くんだ。
手間はかかるけど、
手入れをした分だけ花を楽しませてくれるよ。
自分でつくるジャスミンティーは特別だね。

みなさんも、この家族のように
思い思いの庭をつくって楽しんでください。

285

あとがき

　園芸が好きだった祖父といっしょに、子どもの頃から庭で種を蒔いたり、草花を植えたりと、当たり前のように植物たちとすごしてきました。小鳥や虫などの小さな生きものたちとも出会える庭で遊ぶのが大好きでした。祖父との園芸作業はとても楽しく、いつも日が暮れるまで庭にいたことをなつかしく思い出します。

　この本の題名は『みんなの園芸店』。本なのにお店だなんて、なんだかへんてこな題名ですが、ページを開いて、園芸店に来てわからないことを聞くつもりで読んでいただければ嬉しいです。

　植物といっしょに暮らすことはいつでもはじめられます。広い庭がなくたって、窓辺の小さなひと鉢からはじめられます。水やり、日々の手入れ、虫や病気のことなど、植物のことをよく見てあげることは、とても大切です。でも、毎日ちゃんと見てあげていたのに上手く育たないこともあります。花が咲かなくても、実がなかなか実らなくても、そして枯れてしまったとしても、園芸は、結果が全てではありません。植物が上手に育てられなくたって、植物が好きなら、それでいいのです。育てていく中で、植物といっしょに過ごす時間が、とても豊かなのだと思います。（もちろん育てるからには大切に♡）

　「植物を育てる」と言いますが、私はいつも植物たちに育ててもらっ

ていると思っています。日本には、春夏秋冬と四つの美しい季節があ
ります。忙しい日々、ちょっと手を休めて身の回りの緑や足元の小さ
な草花を探してみてください。小さいけれど四季それぞれに花が咲き、
心をとても豊かにしてくれます。育てているようで、育てられている。
庭しごとをしていると、よく思うことです。

　大人になり、庭のしごとと絵を描くしごと、このふたつを、ゆっく
り、ずっと続けてきました。このような本を作らせていただけるなん
て、本当にとても幸せに思っています。

　おわりに、お忙しい中、丁寧に内容をチェックしてくださった憧れ
の水戸市植物園の西川綾子園長、この企画がはじまってから九年間、
つらい時も楽しい時も一緒に走り続けてくださった福音館書店の鈴木
敦さん、美しい本作りにお力を下さった出版部の保延智子さん、いつ
も応援してくれる庭づくりの友だちと家族、植物や鳥たち、そして書
店に並ぶたくさんの園芸書の中から本書をお手にとって読んでくだ
さったみな様に感謝の花束をささげます。はじめて植物を育てる方も、
たくさん育てている方も、この本を何度も開いて植物たちといっしょ
に楽しくすごしていただけたら嬉しいです。

大野八生

287

本書の制作にあたり、水戸市植物公園園長・日本植物園協会副会長の西川綾子先生に多大なご協力をいただきました。謹んでお礼を申しあげます。

大野八生 (おおのやよい)
1969 年、千葉県生まれ。造園家、イラストレーター。子どものころから、園芸好きの祖父とともに植物に親しむ。著書に『ハーブをたのしむ絵本』(あすなろ書房)『にわのともだち』(偕成社)『夏のクリスマスローズ』(アートン)、挿絵を手がけた本に『カエルの目だま』『かわいいゴキブリのおんなの子メイベルのぼうけん』『4 ミリ同盟』(以上福音館書店)『ヤマトシジミの食卓』『ぼくとおじちゃんとハルの森』(以上くもん出版)『さくら研究ノート』(偕成社) など多数。光村教育図書の小学校国語教科書の表紙画も手がける。

みんなの園芸店　——春夏秋冬を楽しむ庭づくり——
大野八生
2020 年 2 月 15 日発行
2021 年 8 月 1 日第 3 刷
発行 株式会社 福音館書店
〒 113-8686 東京都文京区本駒込 6-6-3
電話 営業 03-3942-1226　編集 03-3942-6011
ホームページ https://www.fukuinkan.co.jp/
印刷・製本 図書印刷
NDC620　288p　26 × 19cm　ISBN978-4-8340-8546-4
Joy of Gardening through the Seasons
Text and Illustrations © Yayoi Ohno 2020
Published by Fukuinkan Shoten Publishers, Inc.,
Tokyo, 2020.
Printed in Japan